JN408767

또 다른 삶을 찾아

또 다른 삶을 찾아

전대홍 시집

해암

| 서문 |

"사람이 한평생 살았으면 글 한 줄은 남겨야지!" 이 말은 내가 평소 존경하는 분으로, 문단 등단과 문학인 입문을 도와준, 고마운 선배님이 해준 말이다. 어려서부터 일기를 쭉 써왔다. 학창 시절 지나 사회생활을 하면서도 틈만 나면 일기 형태로 글이란 것을 써왔다. 어느 순간 그 일을 귀찮게 아는 분들 때문에, 아니 쓰기 싫어서 그만두었다. 그 많은 일기는 홍수에 떠내려가고, 이사하면서 버려지고, 사라져서, 지금은 직장 생활 업무노트 몇 권만 남아 있다. 하지만 남기려고 쓴 글은 아니고 그냥 끼적거린 것이나.

그것을 기반으로, 공직 정년퇴임 2년 후 '2009년 시 부문 우수상에 등단'하여, '또 다른 삶을 찾아'란 기치 아래 문학인 생활한 지가 칠 년 여이다. "시인이라면 시집이 있어야지!"라고, 만나는 시인마다 충고지만 요지부동, 아니 용기 부족으로 미루기만 하다. 마침내 인생 고희연에 이르러 이때다 싶어 용기를 냈다.

고희연은 여행으로 대치하고, 대신 처음이자 마지막 시집을 하나 내자는 것이다. 여기에 어폐가 있다고들 할 것이다. '처음은 맞는데 마지막은 뭐냐고?' 말이다. 부끄럽지만 하루에 한 권씩 오는 시집, 문집, 문학잡지 중 20%도 못 읽는다.

'내 시집도 누군가에게 이렇게 푸대접받을 게 분명한데, 더 내면 뭐하겠냐?'는 생각에서다.

나름 시인이라고 하지만 난 항상 초보자이다. 아무리 공부하고 발버둥 쳐도 습작을 못 벗어난다. 분명히 시에 대한 자질이 없는 것 같다. 그래서 여기저기 시 공부하는 기회가 있다면 계속 찾아다녔고, 몇 달씩 연달아 강의도 들었다. 그런데 그 유명한 선생님들 강의를 듣고 나면, 그대로는 한 줄 한 마디도 시를 쓸 수가 없다. 그래서 며칠을 끙끙대다 모든 이론을 집어치우고, '내가 생각한 것이 뭐더라? 지금 느낌이 뭐야? 말하고 싶은 게 뭐지?' 라는 반문을 하다 보면, 나도 모르게 손이 자판에 올라간다. 그리고 어설픈 시를 쓴다.

한마디라도 쉬운 말, 누구나 아는 말, 기승전결이 있고 전하고자 하는 뜻이 있는 단어의 연결이다. 그런데 이런 시는 시가 아니란다. 그럼 시가 뭐냐고 다시 반문한다. 그러면 어느 분이 강조한 말 중에 메타포, 컨시트, 패러독스 등 외래어에 비꼼, 반전, 역설, 애매함, 어려움, 비유, 상상, 축약, 철학, 자유시, 정형시, 반복어 금지, 행과 연 분리, 문단 기호 생략, 사물시, 서정시, 서사시, 연시, 여행시, 관념시, 다행시(내가 만든 신조어)……, 등 시어가 뒤죽박죽 떠오른다.

그래서 시인마다 시에 대한 정의를 찾아봤다. '천태만상, 모두가 자기가 만든 시라는 틀에 갇혀 자기만의 고집만 말하더라!' 이다. 그리고 '시는 시인만이 쓰고 읽어라!' 였다. 그중에 진실한 마음을 쉽게 써내려간 시만 몇 편 뇌리에 맴돈다.

그래서 결론, '누구나 읽고 쓸 수 있는 시라는 글을 쓰자!' 라고 작정하고 시를 썼고, 이 시집을 펴내게 되었다. 이런 내 시를 우수 시라고 '작품상, 시낭송상' 을 수시로 주시는 관계자님들께, 그리고 격려해준 시인 동료 분들께, 죄송스러워 무슨 말을 해야 할지 모르겠다. 아무튼, 죄송하지만 용서해달라는 의미로 '그 은혜 백골난망이로소이다!' 란 말을 이 기회에 나시금 간곡히 드려본다.

이점을 감안해서 읽어 주시되, '이 정도는 나도 쓸 수 있다, 아니 더 잘 쓸 수 있다!' 라는 마음을 다 가져주셨으면 좋겠다. '시란, 자기 느낌을 솔직하게 문자로 표현한 것이다!' 이지, 더도 덜도 아니니까요.

끝으로, 이 시집이 나오기까지 도와준 모든 분들과 평생을 부족한 나를 내조하며 함께한 집사람, 아들과 딸, 모든 가족들께도 평소 못한 고맙다는 말을 전하며 이만. 끝

2016년 2월 15일

시인 전 대 홍

| 차례 |

1_소실점에 서서

2_새벽안개 속으로

3_겨울 서정

4_ 생명의 불꽃

5_ 불국사 일몰

1

소실점에 서서

또 다른 삶을 찾아

저 너머 뭔가를 찾으려고
성난 코뿔소처럼
그저 앞만 보고 달렸다
방법은 최선을 다하는 것
목적은 참되게 사는 것이었다

질퍽이는 흙탕길과 천길 단애 절벽도
죽을힘을 다해 차고 넘었다
허탈도 있고 좌절도 있고
햇빛도 있고 실바람도 있고
정다운 미소도 있고
쓰라린 질타도 있었지만
탓하고 주저하기보다 보란 듯이 달렸다

누군가의 알 수 없는 유혹 때문에
한눈을 팔았더라면
한 발짝 삐끗했더라면
언제 어디서 어떻게 되어 있을지
생각하기조차 끔찍한 일

공직이란 바로 그런 것이 아니었던가

그런 위험에 빠지지 않고
자신을 개발하고 미래를 준비하고
친절과 봉사 성실과 공정으로
40년 열과 성을 다하고 나서
영예의 정년퇴임이란 선물을 얻었다

그동안 박봉과 열악한 조건에도 굴하지 않고
떳떳하고 용감하게 살 수 있도록
도와주고 밀어준 선후배 모든 분께
머리 숙여 심심한 감사부터 드려본다
그리고 그런 가장을 끝까지 믿고
열심히 살아준 가족 모두에게
진실로 고맙다는 말을 전해본다

이제 갈망하던 그것을 찾았다
영예로운 퇴임 그것이다
그래서 다시 찾은 삶이다

체면 때문에 주위의 눈치 때문에
하고 싶어도 못했었던
보람차고 즐거운 일 모두 찾아서
정다운 친구들과 오순도순
사랑하는 가족들과 알콩달콩
신나고 후회 없이 살리라

사회 적응훈련 교육장에서
어린이들과 삶의 체험 현장에서
국내외 관광객과 관광유적지에서
각종 국제 행사 봉사 현장에서
그동안 쌓아온 경험을 살리고
틈틈이 익힌 외국어 실력 발휘하며
곱게 늙어가는 노인의 표상으로
정열을 불태우며 아름답게 살리다

늙음이 좋다

노인은
자신과 성인군자도 싫어하고
미인과 젊은이는 더욱 싫어한다기에
늙음이 두렵기만 했었는데
누군가의 엄살일 뿐 당해보니 아니다

마음대로 먹고 자고 하고픈 것 다해도
상하좌우 그 누구에 눈치 볼 일 하나 없고
육아 교육 집안 걱정 마친 지가 오래니
건강 하나 챙기면서 취미생활뿐이라

눈 들어 둘러보면 봉사할 일 많아서
이곳저곳 불려 가서 소일거리 바쁘고
옛 벗 새 벗 자주 만나 수시로 어울리니
날마다 새롭고 일마다 즐겁구나

하지만 즐거운 늙음이란
준비하고 얽매인 젊음의 대가라서
어설픈 늙음들로 가슴도 아프지만
늙음이 좋다 곱게 늙어가자

다발로 가는 시간

왜 그리 많았는지
쓰고 버려도 줄지 않고
무한한 더미의 한 조각이었다

어느새 반쪽 통째로 쓸 때도
더디고 답답하기만 했고
어서 쓰고 싶어 안달이었다

급기야 다발로 줄어듦을 보고
더미가 얼마 남지 않음을 안다

조각 반쪽 통째로 줄어들 때
보배임을 알고 아낄 것을
머지않아 치워질 인생의 더미
다발로 사라지는 시간을 보며
찰나인 삶의 허무와 초조를 느낀다

그녀를 만나는 날

얼마 만인가 만난 지가
때로는 사무치게 보고 싶어
노도처럼 몸부림도 치지만
못 이룰 열망만 가득
언제나 말없이 미소뿐인 그녀

달 밝은 밤 귀뚜라미 소리에
불현듯 함께 걷고 싶어
무작정 오솔길을 거닐기도 했고
사랑할 줄도 모르면서
좋아는 왜 하느냐고 자문도 하지만
답은 언제나 너다워라 뿐이지

성형을 해 유혹할 수 있고
말을 잘해 호감도 얻으며
기회를 타서 꿈도 이룰 수 있지만
그녀는 항상 거부하는 눈빛이다

본 대로 느끼고 생각대로 말하고
참된 이야기로만 만나기로 한
'시'라는 그녀를 만나는 날
오늘은 만나서 넌지시
꼭 그래야만 되느냐고 물어봐야지

돌아라 바람개비

나쁜 일은
왜 혼자 오지 않는 걸까

세월호 참사로 누리는 슬픈 바다
지하철 추돌 연이은 화재
여객선 고장 자동차 사고
거침없는 비보에 숨이 막힌다

답답함 달래려 문밖을 나섰는데
방파제에 설치된 풍력 발전기
만든 지 얼마라고 너마저 멈춰 섰니

부주의와 방치 밀약과 욕심
편법과 관행이 빚어낸 인재에
모두 곱지 않은 눈길들인데
풍차 하나 제대로 돌지 않음은
이 또한 누군가의 방치 아닌가

돌아라 바람개비
너라도 윙윙 신나게 돌아줬으면

등대의 속삭임

바위 끝에
어렵게 자리한 미역귀
밀려오고 쓸려가는 파도에
얼마를 견뎠을까

삼발이 미끄러운 모서리
파래도 홍합도
같은 처지이리라

뻘 속에서 모래밭에서
쉽게 자랄 수도 있으련만
한사코 돌 틈을 택함은
무슨 뜻일까 궁금한데

그들은 항상 그렇게
고통 없는 삶은 재미없다며
천성대로 살더라고
무료하게 지켜보고 섰던
등대가 속삭여준다

〈연시조〉

모정의 세월

– 별세 50주년에 부쳐

세월이 흐르면 잊힌다고 하였지만
한평생 다 지나도 못 잊는 게 있지요
젊어서 세상 떠나신 어머님의 그 모습

귀한 집 막내딸로 축복 속에 태어났고
총명하고 현숙해서 가사 법도 조기통달
종갓집 맏며느리 감 양가 축복 혼사라

일제들 강점기에 가족 이별 겪으시고
동족상잔 전쟁으로 형제 재산 잃으시니
친정집 피난살이로 모진 고통 겪었지

남다른 출산고통 일곱 번을 겪으신 중
오남 이녀 자녀 중에 일녀를 잃으셨고
막내 놈 첫돌 지나자 이 세상을 뜨셨지

사십일 세 되시면 천하명성 떨친다는
운명예언 믿었는데 부고통명 될 줄이야
미인은 박명이란 말 모친 두고 이른 말

내 나이 열다섯 살 중학교 일 학년생
위로는 형님 한 분 밑으로 삼남 일녀
운명 시 곁에 혼자라 대표임종 지켰지

막내 놈 젖 먹으려 모친 몸에 기어들다
억지로 뜯어내니 기를 쓰고 앙탈이라
온 가족 통곡 울음에 눈물바다 되었지

행동거지 인륜 도리 막히는 게 없으시고
대소 제족 제반 행사 도맡아 치러내니
일거수일투족마다 전 가족의 본이라

집안의 대들보에 자식들의 하늘과 땅
중병으로 투병하다 청춘에 세상 뜨니
애석한 통한의 슬픔 무엇에다 비할까

생활고통 클 때도 집안 경사 있어도
제일 먼저 생각나고 안타까움 끝이 없는
어머님 보고 싶은 맘 어찌하면 좋아요

가신지 오십 성상 내 나이 육십 중반
아직도 잊지 못해 수시로 눈물방울
당신이 너무 보고파 단장통곡합니다

아버님과 재회한 지 십이 년이 지났고
가족들 사는 모습 상세 보고 계실 터
안심과 행복함으로 영세안면 하소서

문득 어느 날

십수 년 전에
옛 추억을 찾아 앨범을 펼쳤을 때
동생의 얼굴이 눈에 띄었다

몇 년이 흐른 뒤
무심코 마주한 거울에
형님 얼굴이 보이기 시작했다

요즈음은
세수하고 거울을 보면
아버지 얼굴이 거기 있다

십여 년이 지나고 나면
나뿐 아니고 가족들 눈에
할아버지 모습이 보일 것 아닌가

모두가 내 얼굴인데
세월 따라 변하는 파노라마
인생이란 무한 반복 이런 것인가 싶다

물안개의 춤

장맛비 내리는 해수욕장
건물 허리 거머쥔 띠안개
대교 삼킨 솜안개
처음 보는 운무[1]인데
태풍 메아리 따라 왔는가 보다

몰려왔다 사라지는 연무[2]속
개점휴업 한산한 모습에
안전요원 번뜩이는 눈빛은
몰려올 피서객의 기다림과
불볕더위 열망이 가득하다

누군가 지나간 발자국
쓸려가는 파도에 사라지나
새로 단장한 해수욕장 풍경은
물안개[3]에 숨었다 나타나기에
지울 수 없는 흔적이다

내 삶의 삿된 흔적은
가려지는 안개[4]가 아니라
쓸려가는 파도에
영원히 지워질 수는 없을까

* 1)연무煙霧(명사): 연기와 안개를 아울러 이르는 말.
2)물안개(명사): 강이나 호수, 바다 따위에서 피어오르는 안개. 연관단어 : 물연기.
3)운무雲霧(명사): 구름과 안개를 아울러 이르는 말.
4)안개(명사): 지표면 가까이에 아주 작은 물방울이 부옇게 떠 있는 현상.

물새의 외침

파도 바람 심하고 외로워도
인적 없어 안전하다기에
둥지 틀어 대대로 이어 살았다

우산 자산 삼봉 독도
섬 이름 멋대로 고쳐 불러도
가져갈 수 없으니 참을 수밖에

한갓 미물인 나 괭이갈매기
선조께서 이르시길
섬 주인 한반도이며
증표는 닮은 지형이라 하시기에
그리 믿고 지금까지 살았거늘
왜놈이 주인이라니 이 무슨 망발

수많은 어패류 해조류
철새들도 다 아는 사실
억지 주장 중단 없으면
하늘의 준엄한 심판 있음을
꿰액! 나 물새가 대신 전하노라

바뀌지 않는 신호

층층 쌓인 돌무지 사이로
촬촬촬 흐르는 물길 따라
분홍빛 단풍잎 하나 흐른다
살랑 스치는 서늘한 바람에
가을 선발대 빨간 낙엽
두어 잎 더 떨어져 뒤따른다

무더위 연속이라 기약 없고
아직도 검푸르고 싱싱한데
계절 바뀐 지 오래라며
간밤 가랑비까지 살풋 내려
겨울 향해 전진하란 신호다

멈추지 않는 시간
색은 변하지만 직진만 있는
돌릴 수 없는 세월 신호에
온 세상은 곧 황금벌판을 달리겠지

미안하오

요즘 들어 부쩍
한마디 쓴소리에 이성을 잃고
불에 덴 돼지처럼 화를 낸다

인내와 이해심을
평생 자부심으로 살았는데
체면도 인격도 간 곳 없고
잔소리는 뇌관 폭언은 비수 되어
서로 피멍투성이 상처를 입힌다

한마디만 참으면 될 걸
한순간 배려면 되는데
그러지를 못했다
알고 보니 노화현상 망령이라네
바보 늙은이 서로 그만하고
불만과 닦달보다 칭찬과 격려로 살자고

아무리 화는 낼 때도
믿음과 고마움 잊은 적은 없다오
그동안 대책 없이 화낸 것
정말 미안하오

산에 오르면

기약은 없었어도
누군가 기다리고 있을 것 같아
가쁜 숨 몰아쉬며 힘겹게 오르면
탁 트인 시야가
시원한 바람을 안고 반긴다

기대하지 않았어도
정겨운 돌무지와 표석
산새 울음 풀꽃 향기
지난해 쌓인 낙엽
봄 햇살 받아 푹신하다

이름 모를 잡목 사이
기암괴석 돌아 흐르는 물소리
등산을 즐기는 이에게
자연이 주는 선물이고
또 다른 기쁨이다

아~ 공기가 달다
그리운 벗과 정을 나누며
생의 활력 얻을 수 있으니
오늘도 난 마냥 산에 오른다

세월아 세월아

- SEWOL호 참사를 보며

부르기도 전에 목이 멘다
소리보다 눈물이 먼저다
가슴이 찢어진다 세월아 세월아

세월 너는
삶을 다한 자만
영생으로 인도해야 하는데
피지도 못한 꽃봉오리를
이토록 처절하게 짓밟을 수 있니

눈으로 차마 볼 수 없고
입은 말보다 비명
귀는 두려워 들을 수도 없구나

그 많은 어린 영혼을
그토록 처참하게 앗아간 너
무엇으로 앙갚음을 해줄까
피가 끓어 폭발하는 분노에
치를 떨다 할 말조차 잊었다

기다리란 악마의 소리
믿고 따른 착한 천사들
차라리 반항이라도 했더라면
살 수도 있었을 텐데
모두가 몽매한 어른들 탓
살아 돌아오란 간절한 기도뿐
풀길 없는 안타까움에
통한의 피눈물만 자꾸 흐른다

세상사

서로기대 살자는게 세상사 아니던가
기대지는 못해도 밀치지는 말아야지
다함께 도와가면서 행복하게 살았으면

내말이 옳다면 남의말도 옳도다
철석같이 믿는것도 틀린것이 많은데
서로가 이해하면서 화목하게 살았으면

내것이 귀하다면 남의것도 귀하도다
내인격 귀한만큼 남의인격 존경해
모두가 존경하면서 서로믿고 살았으면

말로는 남위하고 행동은 나위하고
잘된것 내가하고 못된것 남탓이고
변명만 하지말고서 사랑하며 살았으면

한번뿐인 귀한인생 허송세월 않고서
기대고 믿어주고 존경하고 사랑하며
세상사 살만하더라 이렇게들 살았으면

소슬한 바람

서리 내린다는 상강을 만나니
만추의 늦더위 거센 힘도
한 솔 스치는 가을 소슬한 바람에
무던히도 기가 꺾였구나

짙고 푸른 나뭇잎도
생기 잃고 색동치마
앞다퉈 갈아입기 바쁘구나

선풍기 냉풍기의 위세도
서늘한 가을바람 한솔에
날개를 접고 보자기 둘러쓰고
꿔다 놓은 보릿자루 장승행세
내년 여름에나 얼굴 보겠네

쉼 없이 변하는 자연의 위력 앞에
대적할 자 그 누구던가
소슬바람 한 솔에
내 삶마저도 덩달아
한 순이 접히는구나

소실점에 서서

사라짐이 끝이 아닌
또 다른 새로운 시작점
시야에서 벗어나 궁금해
기를 쓰고 다가가 보지만
같은 모습의 연속이고
다가선 만큼 멀어진
새로운 끝이 있을 뿐이다

살다 보면 뜻밖에
감당 못 할 행불행으로
평상심을 잃었을 때
끝이 아닌 시각의 전환점
소실점을 떠올려보자

불행하게도 이 소실점은
먼 거리 곧은길에만 있고
구부러진 길 경사길엔 없다

긴 인생 바르게 살았다면
화려한 반전의 연속일 테고
그르게 허송세월했다면
따분한 일상의 반복일 것만 같아
인생의 소실점을 떠올려 본다

아물지 않은 상처

수목 짙푸른 유월이 되면
온 누리는 생기로 넘치는데
해마다 반복되는 기억으로
주체 못 할 슬픔에 잠겨
통곡을 계속하는 가슴이 있다

동족상잔의 처절한 전쟁
수많은 사상자와 유가족
몸에 난 흉터 마음의 상처
보훈의 달 위로 행사로
아픈 기억이 되살아 나서다

쓰라린 상처지만 긴 세월로
잊히고 치유될 만도 한데
날로 더해가는 온갖 위협으로
통한의 울분만 더해가니
아물기보다 덧나만 간다

어김없이 찾아오는 그날
그분의 숭고한 희생 되새기며
상처 하루빨리 아물기를
다시금 간절히 기원해 본다

스카이워크의 별빛

달은 아직 뜨지 않아
별빛이 더 빛나는 밤
인적 끊긴 하늘길은
두 눈 부릅뜨고 접근을 막는다

잔도 그 짜릿함 볼 수 없으나
햇빛에 가려 못 보던 모습
심안으로 한 눈에 보이고
검은 섬 오륙 개 희미한 자태
파도에 밀려 발밑에서 일렁이니
상상의 나래는 환상을 타고
우주공간 한없는 유영이다

하루 내 빛은 피로는
서늘한 해풍이 실어가고
심연에 스며드는 별빛은
잠든 영혼을 일깨우니
스카이워크 황홀함에
여름밤은 갈 길을 잃었다

어머니 가슴

봄비에 배부른 농촌 저수지
여수가 무넘기를 넘실거림은
농번기 일손 달려 서두르다
수유시간 놓친 어머니 가슴 같다

양이 차서 넘쳐나는 봇물은
농사철 농부의 기다림이고
불어나 찔끔거리는 모유는
배고파 보채는 아기의 기다림이다

저수지는 농사 풍요의 산실이고
어머니 가슴은 인간 삶의 원천
오묘한 두 저장물의 대비에
왜 내 가슴이 이리도 저려올까

아마도 농촌에서 태어나서
어머니의 젖을 먹고 자랐으며
그 어머니의 가슴을 이제는
꿈속에서조차 볼 수 없음이리라

죽을 쑤며

어제 또 불뚝이가 일을 쳤다
가슴을 후비며 후회도 하지만
순간 터지는 그놈 때문에
아차 했을 때는 이미 늦었다
장 종지 하나도 안 되는 일로
사생결단 물러날 줄 모르고
불뚝이와 진드기의 겨루기가
어제도 한 판 걸판졌었다

다음은 정해진 순서대로
토하고 신음하며 시위하니
안쓰러워 주무르고 등 쳐주고
약 찾아 주며 처절한 화해 몸부림
그러려면 다툰 건 뭐고 신경은 왜 써
눈 뜨자 출근 시간 힐끔거리며
숙달된 조교 쌀 갈아 죽을 쑨다
그래도 당신 죽 솜씨는 세계 최고야
이 한마디 들으려고

참삶이란

고귀한 삶이란
남이 바라는 대로 사는 삶이다

행복한 삶이란
자기가 바라는 대로 사는 삶이다

참삶이란
위 두 삶이 적절한 조화를 이루는 삶이다

천한 삶
불행한 삶
거짓 삶은
위의 삶들이 실패한 삶이다

무릇 인생이란
위의 삶들이 비중을 달리하며
왕래를 계속하는 과정일 뿐
더도 덜도 아니더라

〈노래 가사〉

편지

어쩌다 당신도 그 누가 보고플 때
그리움 달래려고 편지를 쓰시지요
하고픈 말 많지만 만날 수 없을 때
서린 사연 전하려고 편지를 쓰시지요
오고가는 답장 속에 쌓이는 우정
주고받는 소식 속에 꽃피는 사랑

지난날 함께했던 추억에 젖다보면
그 모습 보고파서 편지를 쓰시지요
수줍어 말 못하고 맘속에만 간직한
그 사연 전하려고 편지를 쓰시지요
오고가는 답장 속에 쌓이는 우정
주고받는 소식 속에 꽃피는 사랑

풍차야 돌아다오

태풍에 눈비와도 쉼 없이 돌았는데
팽목항 참사소식 얼마나 놀랐으면
방파제 바람개비 너마저 멈추었나
억울한 희생자들 통곡을 대신해서
풍차야 돌아다오 너라도 울어다오

파도에 실려오는 봄소식 기다리다
세월호 비명소리 얼마나 슬펐으면
등대 옆 바람개비 너마저 멈추었나
애타는 유족들의 슬픔을 대신해서
풍차야 돌아다오 너라도 울어다오

또 다른 삶을 찾아

전대홍 시집

2
새벽안개 속으로

고구마

지난밤 살풋 내린 첫 서리로
검게 시든 고구마잎에서
문득 재외 동포의 모습을 본다

본디 열대지방 식물인데
튼실히 품은 뿌리 때문에
세계인의 건강 구황식품으로
그 명성 수세기를 누렸으나
아직도 추위는 이기지 못한다

고국을 떠난 수많은 동포
천부적 끈기와 근면으로
곳곳마다 뿌리내려 잘 산다지만
낯선 풍토 천대 박해 그 얼마랴

본성은 쉽게 변하지 않는 것
그래도 적응하며 살아야 하는
재외동포여 근성 잃지 말고
고구마처럼 알찬 삶 길이 누리시라

가로수

인간들아 나를 아느냐
난 여기 서서 항상 너희를 본다
칠흑 같은 어둠 속에서도
환한 대낮 태양 아래서도
전후좌우 내 잎의 초롱초롱한 눈들이
언제든지 너희를 본다

봄에는 찬란한 꽃도 피워주고
더운 여름날에 시원한 그림자에
건강하게 살라고 산소도 만들어주지
비가 올 때는 우산도 되어주고
가을에는 오색찬란한 단풍잎도 선물하고
겨울엔 눈바람 피하는 바람막이도 돼주지

피곤할 때 기대라고 기둥도 되어주고
떠난 님 그리워 하염없이
눈물짓고 기다리는 여인의
말 없는 친구도 되어 주고
철없는 운전사가 차선을 벗어날 때

들이박고 멈추는 장벽도 돼주지

난폭운전 차선위반 내 눈은 못 속이지
불법주차 과속질주 다 보고 있노라
음주운전 빵소니는 어쩌고
폭주족들 소음 폭음 다 듣고 있노라
불법 부착물에 요란한 장식
실로 보기가 역겹도다

인간 너희의 안전과 행복을 위해
아침부터 저녁까지 쉬지도 못하고
자리 지키며 말없이 봉사만 하고 있는
내 이름은 가로수 길거리 파수꾼
알아주는 이 없고 외로워도
너희를 위해 평생을 이대로 살리라

고향의 진달래

양지쪽 산기슭에 눈이 녹으면
분홍빛 진달래가 먼저 피지요
어릴 때 친구들과 얼려 놀다가
한 움큼 꺾어들고 집에 돌아와
꽃병에 꽂아놓고 미소 질 때면
덩달아 어머니도 웃어 주셨죠

반세기 훨씬 지나 찾은 귀향길
산기슭 그 자리에 붉은 진달래
그동안 기다린 양 환한 빛으로
반갑다 반색하며 반겨 주니까
어머니 웃는 모습 다시 뵙는 듯
애틋한 기억들이 생각 납니다

고향은 어머니 품 봄은 진달래
온갖 꽃 만발해서 상춘 놀인데
해마다 기일 맞아 귀향 할 때면

그 많은 봄꽃들은 색이 바래고
진달래 그 모습만 눈에 들어와
모정의 간절함에 애만 탑니다

국화차 그윽한 향

지명 좋다는 함평 나비 골
국향대전이 빼어나다기에
짬을 내 모처럼 귀향이다

간밤 무서리에 단풍색은 더 곱고
추수 한창인 들판 모습 정겨운데
국화꽃 만발 축제장 어서 와라 반긴다

드높은 독립문 꽃탑 의연한 모습
종류도 색깔도 산지도 알 수 없는
그 많은 국화는 어디서 났을까
정성 들여 가꾼 기기묘묘 작품들
현란한 모습에 눈 둘 곳이 없는데
신비한 향에 코가 끌려 둘러보니
국화차 시음 서비스 코너다

노란색 뜨거운 찻물에서
번져 나오는 정성과 진한 향
마시기도 전에 취하는데
그윽한 국화차 그 진한 향에
몸도 마음도 갈 곳을 잃었다

꽃대 꺾인 난

차가운 베란다 화분대 위에
새해맞이 추운 날씨 눈바람 쳐도
꽃대마저 꺾인 난이 꽃을 피웠다

오래전 타국에서 나를 따라와
해마다 고운 꽃 선물했지만
올해는 구근마저 방치했는데
숨어서 몰래 자라 꽃대 올렸다

빨랫줄에 목이 꺾여 시들만 한데
굳건한 생명력 다시 일어나
나머지 꽃봉오리 마저 피우려
활짝 웃고 있는 모습 눈물겹구나

배신과 불평은 사람이 하지
바리데기 효자란 너 두고 한 말
몰인정 푸대접도 잊어버리고
얄미운 주인에게 꽃피워 화답
한없는 가책으로 가슴 아리다

동해물과

망망대해 끝 없는 수평선
세찬 바람 높은 파도에
밀려왔다 사라지는 하얀 포말
동해 해변만의 정취이리라

익숙한 것이 편하다고
평생을 같이한 바다인데
모처럼 찾은 것이 또 해변
섬에서 낳고 자란 섬 처녀
바다라면 실릴 난도 한네
동해 절경이 보고 싶다 졸라서다

애국가 첫머리 동해물과 백두산
그 이유 이제 알 것 같다

해풍에 실려 엄습하는 기운
몸을 지나 뭍으로 스며들어
한반도 흠뻑 적셨으리니
눈 감아도 떠도 느껴지는 진한 감동
형용 못 할 황홀경에 물씬 젖노라

바람 호수

은비늘 잔잔한 청풍호는
황혼의 석양빛에 물들고
운무 속에 몸을 적신
천 년의 고적은 물속에 울며
덧없는 역사는 귓가를 맴돈다

지난날 시인 묵객이 마음 졸이던
그 자리 산자락 물가에 앉아
선인의 모습 닮아보려 하지만
복받치는 감동만 고조되고
한마디도 더 할 수가 없다

꿈속인가 뜬구름 속인가
청풍호 명월이여

---

* 청풍호: 충북 제천에 가면, 충주호 중앙부분에 수 천 년 역사의 고장 청풍현 이 물속에 잠자고 있는 청풍호와 청풍명월이란 명승지가 있다.

밤 바닷가

어둠이 안개처럼 내린 자리
사방은 오색찬란한 야광들
춤추는 대교 불빛과 음향에
하나 된 영혼들 약속 없는 합창
광안리 밤바다만의 정취이리라

어둠 속 철석이는 파도는
흔적을 감추는 얄미운 지우개
모래톱 따라 걷는 두 발자국에
가지런히 남겨진 소중한 밀어를
허락도 없이 자꾸 지운다

언제나 그대로인 밤바다지만
순간 낯설고 생소함은 왜일까
서늘한 밤바람 상쾌함에
반세기 전 애틋한 추억 떠올리며
꼭 잡은 두 손 미소가 더해진다

백사장 서설瑞雪

창문 비껴 스치는 눈발
뿌옇게 시야를 가렸고
황금색 모래밭은 하얀 솜 밭이 되었다

흔들리는 나뭇잎 사이로
겹겹이 쌓이니 겨울 꽃이 되고
백사장에 서설瑞雪 내렸다

폭설 속 광안대교는
눈발에 갇혀 희미하고
철없는 강아지들은
광안리에 백사장에 내리는 첫눈에
발자국 찍기에 바쁘다

첫눈 오늘날 만나자던
젊은 날 추억속의 약속
행여 문자라도 올까
소식 없는 손전화기만 들떠있다

버섯구름

폭음과 섬광 그리고 버섯구름
악령에게 내리는 하늘의 징벌
그 기억을 잊은 자 누구겠는가

가공할 위력 신의 불 원자력
선용 자에 더 없는 신의 선물
악용 자에 감당 못할 저주물
그래도 우리에겐 광명을 주고
삶에 힘을 준 고귀한 자원이다

후손에 두렵고 염려되는 일
어찌 원자력뿐이랴
불의의 사고 천재지변
어느 하루 끊일 날이 있던가

믿음 주는 운영 안전한 관리
진심어린 설득 충분한 보상
역지사지 정신으로 합심 이뤄
신비의 불 원자력 계속 타거라

빛바랜 낙엽

매서운 눈바람 속에도
지지 않으려 안간힘으로
대롱거리는 단풍잎 하나

삼복에는 짙푸름 뽐냈고
만추엔 오색으로 황홀했지만
겨울 들어 다 지고 간 자리
무슨 미련으로 초라하게
퇴색한 채 몸부림일까

초록이고 단풍일 때
그늘 좋아 빛깔 좋아 환호더니
빛바래고 쪼그라드니
눈길 하나 주는 이 없구나

삶의 덧없는 순환 속에
피할 수 없는 여정
곱게 늙자 안달이지만
지금 내 모습도
저 빛바랜 낙엽이 아닐는지

빨간 열매

한겨울 도롯가에 버티고 선
이름 모르는 외래종 사철 목
푸른 잎에 탐스러운 빨간 열매
핏빛보다 더 진해 섬뜩하지만
볼수록 고운 자태에 눈이 부시다

수많은 관상수와 어우러져
멋진 정원에서 자랐더라면
더불어 사랑받아 행복했고
들새들 밥이 돼 종족 번식했으련만
깡마른 도심 도로 소음 공해에
눈길도 귀염도 못 받는 처량함이라니

이국땅에서 너나없이 삶에 허덕이는
이주민 실향민 처절한 사투 같아
파란 잎 붉은 열매 아름다움보다는
낯선 문화에 절규하는 괴로움이 보여
쉽게 눈길을 돌릴 수가 없구나

산 벚꽃

금정산에 화려한 수채화
밤새 누가 그렸을까
이상 고온 봄비 맞고
밤새 튀밥 터지듯 만발해
온 산에 동양화를 그렸구나

잡목 사이 숨어 자라
존재도 몰랐는데
이른 봄 희고 붉고 빨간색
고운 모습 드러내 환한 미소
봄꽃 제왕 전시회를 열었다

본디 강과 도로변 관상수
도심에 만발한 벚꽃 터널
몽환으로 혼미에 빠졌지만
실안개 드리워진 산등성이
점점이 펼쳐진 꽃 무더기는
봄이 주는 또 다른 황홀함
마냥 탐방객 눈길을 잡는다

새벽안개 속으로

간밤에 내린 가을비로
새벽안개는 더 바쁘다
드넓은 산야를 포근하게
솜이불 덮어 주느라고

그 속이 궁금해 다가서면
막힌 시야 그대로 다시 어둠 속
어느덧 호젓한 산모퉁이
소슬함에 문득 두려움이 인다

산허리 감싼 낮은 구름
부화 기다리는 암탉처럼
풍요 기약하는 가을을
무언의 역동으로 잘도 굴린다

추억 속 헤매는 초로 귀성객
길 잃은 오리무중 설마 꿈속이랴

새벽안개

올해도 고향집 추석 성묘 날
알 수 없는 반사 신경 따라
동도 트기 전 이른 기상
어느새 몸은 뜰 밖 마음은 옛날이다

자욱한 새벽안개 심호흡으로
온 몸 시리도록 후련하고
주마등처럼 스쳐가는 옛 생각
아련히 가슴 저 밑이 저려온다

할아버지와 아버지께서
긴 삽자루 짚고 사립문 여시며
에헴 일어들 나거라
금방이라도 나타나실 것 같은 환상
그분들이 하시던 그 일을
이제는 다시 물려 줘야 할 때
산허리 감싸 안은 안개가 알 것 같다

서석지 은행나무

다 주마 내 살도 주마
생명을 주었는데 무엇인들 못 주랴
어느 부모나 같은 마음이리라

서석지 은행나무 고목 든 자리
자신의 씨가 떨어져 자라고 있음은
살신 모정 진한 모성애가 떠올라
감동 넘어 경악과 전율이다

평생 칠 남매 산고에 시달리다
막내 낳고 모진 환우로
마흔한 살 젊은 나이 세상 떠나신
어머니 생각이 문득 가슴을 쳐서다

어머니
그리워 솟구치는 이 통한의 눈물
어찌해야 합니까
이제는 기억조차 희미해갑니다
오늘 밤 꿈속에서나
다시 뵐 수 있을까요

세찬 비

봄비는 본래
보슬보슬 잠시 내렸는데
요새는
여름 장마 장대비가 따로 없고
이삼일 연속이다

한때 추억과 낭만을 생각하며
우산도 없이 하염없이
걷고 싶었었던 때도 있었지만
어느 해 모진 태풍 폭우에
고향 집이 무너졌고
아버지가 가재도구 구하려다
구사일생 생환했다는 소식 들은 후
세찬 비는 저주와 공포의 대상이다

오늘도 세찬 봄비 내리는 창가에서
아버지 생전의 모습 떠올라
눈시울이 젖어드는 것
나도 나이 들어서일까

순례와 단풍

윤구월에 삼사순례 한다면
부처님 가피가 배가한다기에
난생처음 집사람과 동참이다

봉정사 김룡사 대승사
언젠가 다녀간 낯익은 절이지만
새로 단장한 모습이 더욱 정겹다

종교는 인정하나 신자는 아닌 나
참 신자리면 모두 존경한다
그들은 사회에 진정한 봉사자이며
인류 미래의 등불이기 때문이다

광대무변 불법 진리 망각하고
소슬바람에 눈발처럼 흩날리는
가을 단풍 황홀경에 넋 나간 중생
눈 감아도 떠도 낙엽 모습뿐인데
아무리 대자대비 부처님이라도
용서해 줄 것 같지 않구나

여좌골 꽃비

살랑 부는 봄바람 타고
현란하게 흩어지는 벚꽃잎은
설한풍에 날리는 함박눈이리

충무공 얼을 잇는 제사 의식이
꽃 축제의 제왕이 된 진해 군항제
밀리는 인파 터지는 환호
진한 향기에 방향을 모를래라

황홀한 벚꽃 터널 꽃비 속
여좌천에 흐르는 꽃잎을 보다
임진란 합포항 수군 모습
천안함 순국 승조원 얼굴
나라 위해 순직한 선열들 생각
언뜻 스침은 나만의 느낌일까

환호 속 한 가닥 진한 아쉬움에
잠시 지그시 눈을 감는다

열매

상념의 나무에 대롱거리는 열매
긴 세월 맺히고 자라도록
쏟은 정성이 그 얼마이던가

꽃 진 자리 한 점 돌기가
빛 박히고 물 스미어 자라니
꿈을 펼칠 성스런 결정체다

냉정하고 공정하기 바라나
때로는 속절없이 편파적
도전하는 자에 절대적 가치
다양한 모습에 이름도 많다

과육은 씨의 양분
씨는 미래의 희망
썩지 않으면 자람도 없는 것
생명의 교차점 열매 속에서
찬란한 미래의 우주를 본다

임고서원에 참죽

정절의 표상 단심가가 있는 곳
곱게 단장된 영천 임고서원
문화사랑 결정체 빼어난 경관
범상치 않은 포은 일생 서려 있어
곳곳에 눈과 맘이 오래 머문다

절개 위해 선지교 위 척살되니
피 자국 그 자리에 참죽 자라
충성심을 기리고자 선죽교라

충절의 표상이 부래산에 창건되고
많은 위전 소장하여 사액서원
임란으로 소실 재 사액에 현 위치

단심가 배우고자 탐방객 쇄도하나
새로 지은 선죽교에 참죽이 없어
제 이름값을 못 하는구나
언젠가 개성에 가서 다시 보리라

장맛비

올해도 장마가 시작된다는 소식에
쓰라린 추억이 떠오릅니다
하늘만 바라보고 살았던 어린 시절
비가 오면 홍수피해 안 오면 한해
곡식이 잠기면 몸은 한숨에 잠기고
잎이 마르면 애간장도 같이 탔었지요

가뭄에 한줄기 소낙비라도 내리면
젖은 채로 좋아서 발광했고
장맛비 홍수에 집이 잠기면
한없이 허탈하고 서글펐지요

그래도 그 비가 있었기에
불굴의 의지가 생겼고
지금의 삶이 있고 추억도 있지요
모진 세월 우릴 위해 희생하셨던
지금은 뵐 수 없는 부모님 생각이
가슴에 눈물 되어 장맛비로 내립니다

호거산 운무

간밤 태풍 너구리가
세차게 흘리고 간 비에
호거산 수목은 검푸르고
골물은 맑고 힘차다

운문산 기암은 운무에 수줍고
반송은 비에 젖어 힘겹구나

표주박 나란한 돌샘은
여승의 단아함인가
이연리 삼연리목 단풍
배부른 고목 감나무는
천오백 년 고찰을 말해준다

축대 넘어 청정 옥계수 따라
벗지 못한 속심 흘려보내고
심연에든 비구니 목탁소리에
승계 속계 방황하다
숙연히 돌아서는 발길

3

겨울 서정

가을 마중

여름아 머물러 다오
처절하게 외쳐보지만
이미 가을이 성큼 와버렸다

타박받지 않으려면
늦은 마중이라도 해야겠기에
삼락공원 생태공원을 찾으니
구절초와 코스모스 갈대꽃 억새꽃이
가을을 대표한다며 호들갑이다

연잎 진 연못에는
오색 수련들만이 고운 꽃 피우고
풍전놀이 상추 객을 반긴다

물가에는 낚시꾼
잔디밭엔 수많은 축제 인파
물 식물 사람이 즐거워 삼락인가
눈 귀 입이 즐거워 삼락인가
가을 마중 황홀함에 떠날 줄을 몰라라

가을 나들이

쪽빛 하늘 에메랄드빛이
푸르다 못해 폭우 되어
금방 쏟아질 것만 같은 가을날
벗과 함께 풍전* 놀이 나섰다

오색 단풍에 어울리게
알록달록 등산복 차려입고
쌍쌍이 희희낙락 가을 놀이
신선놀음이 따로 있으랴

수북이 쌓인 낙엽 밟으며
붉은 사과 노란 벼 붉은 고추
만산홍엽 절경을 실컷 바라보니
시름은 간데없고 눈만 시리구나

인생의 가을을 맞은 벗들이
모처럼 가을 나들이에
네 가을이 고우냐 내 가을이 고우냐
곱기 내기를 하는 것 같구나

---

*풍전(豊=風=楓田)놀이: 봄에 가는 꽃놀이는 환전花田놀이라고 한다. 가을은 단연 단풍丹楓놀이이나 풍요, 시원한 바람, 단풍 구경을 겸한 놀이는 풍전(豊=風 =楓田)놀이가 맞을 것 같다.

가을 연가

파란 잎을 울긋불긋
곱게 물들이는 서늘한 바람
그 많은 물감 어떻게 준비했을까
소슬바람 스칠 때마다
넓은 산과 들 캔버스에는
황홀한 수채화가 그려진다

눈부시게 채색된 그림
볼수록 신비한 모습
해마다 반복되지만
60고개 넘어서도 질림이 없다

푹신하게 깔린 낙엽 밟고
첫사랑 추억 더듬는
주체 못할 감동이
아름다운 가을 연가 부른다

가을 허공

에메랄드 빛 짙푸른 하늘가
물결구름 사이로
가을 햇살이 내린다

황금빛 일렁이는 벌판에 서서
풍요로운 만추를 본다

모진 세월 이겨낸
황혼의 여유로운 농부는
풍년 맞은 기쁨은 잠시뿐
추수하는 일손이 바쁘다

해지는 들녘 창공 속으로
줄지어 기러기도 날고
하얀 고니 청둥오리도 날겠지
맑게 트인 가을 허공에 시심이 나른다

가을비 호수에

가을비 흠뻑 머금은
설익은 단풍잎 사이로
잔잔한 호수가 보인다

엷은 물안개 아스라이
일상의 소음 공해
포근히 품어 고요하고
간간이 들리는 것은
후두두 빗방울 소리뿐이다

꼬인 상념은
젖은 낙엽 밟는 소리에 묻히고
밀려오는 감동은
수면의 빗방울 동그라미
작은 미소 따라 번진다

풀리지 않는 삶의 의미
종잡을 수 없는 위선
가을비 호수에 던져본다

가을이 싫어

톡 또르르 알밤 구르는 소리에
문득 가을이 깊었음을 느낀다
끝이 없을 것만 같은 여름은
가을비 한 자락에 힘을 잃었다

풍요와 수확의 계절 가을
어렵고 주리던 시절에는
오곡백과 익기도 전 서리해 먹으며
얼마나 기다렸던 가을이든가

시원한 바람까지 불어 상쾌하지만
왠지 요즘 들어 가을이 싫다
나이 들어 할 일 더 많은데
찰나에 바뀌는 사시사철
무더워도 좋으니 여름아 더 머물러다오

겨울 단비

겨울은 눈이 와야 제격인데
겨우내 왜 이리 구두쇠 짓인지
온종일 먼지처럼 내리는 이슬비
우산 펴기도 어쭙잖아 그냥 맞는다

두툼한 점퍼 기능성 소재라
스미지 않고 땀방울로 구르니
젖지 않아 흥미롭기 때문이고
모처럼 단비 반가워서다

안개처럼 피어나는 그 옛날 추억
가뭄에 울고 홍수에 절망하던
어린 시절 비에 대한 심적 트라우마
겹쳐서 떠오르는 애틋한 부모님 생각
눈이 내렸다면 즐기고 말았을 것을
고즈넉이 비에 젖는 가로수를 보며
문득 일상을 넘어 아련한 향수에 젖는다

겨울 문턱에서

겨울 문턱을 넘어온 찬바람
추위를 알리는 전령사인가
눈은 산 너머에 내려놓고
차가움으로 코끝이 시리다

낙엽 쌓인 산하 앙상한 수목
나목인 채 적설을 기다리는데
껴입고 웅크리며 두려움에
겨울 문턱을 넘는 삶이여

해마다 되풀이되는 계절이
같은 모습으로 또 오듯이
삶의 문턱도 넘을수록
새로운 모습일 수는 없을까

겨울 문턱에 서서
되돌릴 수 없는 삶의 문턱을 본다

겨울 서정

눈이 내린단 환호 소리에
눈보다 먼저 몸이 문밖이다

어릴 적 폭설과 추위로 겪은
처참했던 상처가 너무 커서
겨울은 친근한 계절이 아닌데
눈에 대한 감각은 살아 있나 보다

기다리는 눈은 쌓이지 않아
진눈깨비 맞으며 상상 여행
코끝 시린 찬 바람 더 상쾌하고
눈발에 씻긴 공기는 더 맑아
심호흡 짜릿함에 온몸이 맑아진다

눈 없어 삭막한 남녘 겨울 해변
텅 비고 황량해 아쉬움이 많기에
상상 속의 눈과 얼음 떠올리며
황홀한 추억 겨울 서정에 젖는다

겨울 창공

티 없이 푸르기만 한데
끝 간 데는 어딜까
우주를 품어 안고도
한 점 흐트러짐이 없는
영속의 침묵

심연의 응어리 뿜어내고
까닭 모를 울분을 듣노라면
아픔이 생체기 되어
푸른 피라도 뿌리련만
창공은 언제나 그대로다

설한 풍 싸늘함으로
오한을 느낄 즈음
하얀 눈발이 시야를 가리니
차가운 수정 겨울 창공은
이따금 푸른빛을 잃는다
그래도 내일의 창공은 다시 푸르리라

금정산 설익은 단풍

초가을 잔서가 따가운 날
산우들과 금정산 정기 등산
짙은 숲 맑은 물 시원한 바람
산과 하나 되니 신선아닌가

간간히 하늘 트인 암벽 위에서
위는 고당봉 밑은 낙동강
펼쳐진 절경에 할 말을 잃고
서투른 시어들로 가슴 벅차다

갓 색이 변한 설익은 단풍
푸름도 붉음도 아닌 신비한 색
볼수록 심취되는 몰아에
발길은 더디기만 하다

내달쯤이면 다 익은 단풍이
어서 오라 반길 것 같아
찌든 몸 진땀으로 날리며
고당할매 보러 오르기 계속이다

꽃샘추위

언 땅 뚫고 핀어 난 제비꽃
눈 속에 비죽 내민 설중매화
봄이 불러온 생명의 신비이다

추위는 할 일이 그리도 없나
탐낼 게 없어 꽃핌을 시샘하다니
줄줄이 이어 필 봄꽃들 놀라서
혼비백산 개화를 망설이겠네

수많은 시련은 생명체 숙명
이를 극복함은 삶의 과정
강하게 키워 신 나게 살라는
자연의 섭리라면 따라야 하겠지

봄소식에 꽃 마중 나섰지만
눈보라 꽃샘추위에 놀라서
자연의 혹독한 가르침만 듣고
화전놀이는 다음으로 미뤘다

나 가을이

억겁의 세월 거르지 않고
그대 찾아 이 땅에 왔었다
봄과 여름 뒤이어
북에서 나고 자라 이곳에
결실 단풍 찬바람 싣고 왔노라

시원한 바람에 오색 실어
풀과 나무에 뿌려주니
낙엽은 색동 단풍이고
따가운 햇볕에 풍요 실어
천지에 비춰주니
오곡대풍이라 환호소리 높구나

시인 묵객 감상에 젖어
초가을에 풍요 만추에 낭만을
하나 되어 풍년가 합창이지만
진정 나 가을이가 되어본 이가 있을까
쓸쓸한 아쉬움 안고 겨울 찾아가노라

〈연시조〉

떠나간 가을

가을이 온다기에 마중하러 나섰더니
오색단풍 엽서에 흔적만을 남겨놓고
서둘러 겨울 만나러 달아나고 없구나

쌓인 낙엽 밟으면서 추억에 젖어드니
가을여행 같이했던 친구모습 떠오른다
언제쯤 단풍놀이를 같이할 수 있을까

해마다 맞는 가을 다 같은 계절인데
황혼길에 맞으니 빨리 오고 급히 간다
가을아 좀 쉬다 가면 동티라도 나더냐

저무는 하늘가에 기러기 떼 울어 예니
세월의 빠름인가 덧없는 인생인가
떠나간 가을 때문에 눈에 이슬 맺힌다

나의 봄을 기다리며

기다리지 않아도
어김없이 찾아오는 손님이 있다
겨울 지나 찾아오는 새봄이다

애타게 기다리는 젊음이 있고
보내기 아쉬운 늙음도 있다
그래도 난 아직
활동하는 중년이란 생각에
오고 감에 집착이 없었다

차가운 봄밤은 깊었고
거리 소음도 잠들었는데
어깨 시리고 허전해서
잠 못 드는 이유 깨닫고 보니
언제부터인가 기다리기 시작한
나의 봄이 아직 오지 않았음이다

늦은 한파와 폭설에
남녘 어딘가 서성이는 봄
분명히 어서 와야 하는데
오지 않기를 못내 바라는
간절한 이 마음은 또 뭘까

그래도 오고야 말 봄이라면
꽁꽁 얼어붙은 겨울의 잔재
눈 녹듯 녹을 수 있게
훈풍 가득 싣고 어서 오려무나

---

* 겨울의 잔재: 북녘과 중동의 어려움, 구제역, 조류독감, 물가고, 실업자, 여야 정치 갈등 등이다.

봄비의 변덕

번개에 장대비라니
보슬보슬 봄비는 어디 가고
여름 장맛비 굵은 빗발
훈풍에 꽃눈 피우던 벚꽃
잔설에 놀라 움츠리더니
폭우 맞고 꽃잎마저 잃어
밤새 파란 잎눈 올렸다

조석으로 급변하는 봄 날씨
봄비에 흠뻑 젖고 싶은 충동은
추억이 준 낭만의 오만일 뿐
상상 속의 애틋한 환영이구나

날씨의 혼돈은 일상의 혼란
성춘 화전놀이 마음 설레는데
변덕쟁이 봄비가 시기하니
보슬비 오는 날 한잔 하자던
도화원 그 약속 잠시 미룰 수밖에

봄이 또 온다네요

새봄이 또 온다나 봐요
그 좁은 매화 꽃봉오리 비집고
이 추위에 누가 초대했냐 물으니
초대받고 온 적 한 번도 없답니다

불청객 아니냐고 따지니
꽃과 나비가 기다려서래요
따스한 봄빛에 꽃피고 새 울어
세상은 곧 생기로 소생하겠죠

한때 무척 기다린 때도 있었죠
추위도 싫고 주림도 싫어서
그런데 왜 이렇게 싫을까
새봄이 또 온다는 사실이

찰나에 지나갈 야속한 계절
아쉬움과 두려움이 응어리 되어
하염없이 눈가에 이슬이 맺힙니다
청양의 해 다시 온다는 봄소식에

삶에 겨울이 와도

바위 끝에 자리한 미역귀
밀려오고 쓸려가는 세파에
오늘도 몸을 맡긴다
뻘 속에서 모래밭에서
쉽게 자랄 수도 있으련만
한사코 돌 틈에서
파도와 맞서 서 있다
어느덧 중년도 훌쩍 지나고
겨울이 발밑에 와서 잡고 흔들면
미역귀처럼 세파 속에 몸을 맡기고
새로운 삶을 음미하리라
바람이 불어도 파도가 거세도
처연한 등대의 불빛처럼

여름 나목

\- 충렬사에서 영문 모르게 죽어가는 나목을 보고

계절 깊어 여름 문턱이라
신록은 진록으로 변했는데
처량한 나목 하나가 눈을 끈다

겨우내 흰 주머니 걸머지고
영양제 맞은 덕에
푸른 잎 비지땀 흘리듯 삐져나와
반가운 환호소리 높았는데
다시 말라가며 소생할 기미가 없으니
가지도 쳐주고 기원도 해보지만
안타까운 마음 같이 타들어 간다

세상이 미운 거니 삶이 싫은 거니
고목도 들지 않은 건장한 나무가
영문 모르게 명줄을 놓은 것 같아
괴로움에 눈과 맘이 오래 머문다

여름날 회상

왕매미 소리 뿌앙 뿌앙~~~
가히 귀청을 찢는 여름날 오후
무릎 베고 곤히 잠든 손자
태극선 흔들어 날파리 쫓다
시원한 바람 불어주고
정겹게 미소 지으시며 대청마루에 앉아 계신
다정한 할머니 모습이 떠오른다

뙤약볕에 비지땀 폭죽같이 흘리며
농사일에 바쁜 제 어미 아비 대신해
귀여운 악동 손자 보는 일
어찌 늙고 허약한 몸이라고 귀찮으랴
칭얼대고 짜증 내도
방긋이 웃어주는 미소 하나면
천국과 극락이 따로 있으랴

콧등도 만져보고 손가락도 깨물어보고
뱃구리도 쓰다듬고 꼬치도 튕겨보시며
애절한 기원 곁들이신다
장래 가문의 번영을 위해
무언가 간절하게 염원하시던 모습이
폭서의 열기 속에 끊임없이 돌아가는
선풍기 팬 속에 비친다

요즘 여름밤

매캐한 모깃불 연기 맡으며
끈적이는 몸 멍석 위에 뉘이고
초롱초롱한 별 빛 받으며
끈임없이 이어지는 밀어로
잠 설치던 그날이 떠오른다

계속되는 열대야 식지 않는 바닷물
철없는 수영객 밤낮을 모르니
철 지난 해수욕장 쉴 수가 없다

에어컨 끌 수 없고 창문 열 수 없어
반라로 뒤척이다 어렵게 든 잠
숙면 없이 괴로운 여름밤이라
차라리 그 옛날의 그 밤이 그립다

유례없었던 요즘 여름밤
춘래불사춘春來不似春은 들었으나
추래불사추秋來不似秋란 말 못 들었는데
올해 신조어 하나 늘겠다

입춘 당부

딱 일 년 전
허락 없이 왔다 간 봄이
염치없게 문안 인사다

향긋한 봄 내음이 아닌
매서운 꽃샘추위 찬바람 타고
눈꽃 안내장 들고 와 내민다

한 살 쌓인 만큼 일 년 뺄 테니
올해도 맺은 약속 꼭 지켜서
후회 없는 삶 이루라는 당부다

소생과 희망의 새봄은
설한풍에 묻혀 더디 오지만
순응하란 당부에 기다릴 수밖에

해빙기 다가오는 이 봄에
무궁화 곱게 피우라는 당부도
함께 꼭 지켰으면 좋겠다

춘천에 봄

장산 춘천에도 봄이 왔나보다
어제 내린 봄비에 대천호는 만수위
양운폭포 세찬 물소리에 놀라
버들강아지도 눈을 떴고
덩달아 목련도 꽃봉오리 열렸다

장산국의 전설어린 폭포사길
철따라 봄 내에 봄은 왔지만
이씨왕조 재산이란 이산표시
안내판도 지워지고 초라한 모습
잊힌 주인은 만날 수나 있을까

줄 이은 상춘객 경쾌한 모습들
뒤질세라 발 맞춰 따라 오르니
상큼한 봄 냄새가 코를 찌른다
구름 이는 폭포 물소리에 취해
흥겨운 봄노래 춘천에서 불러본다

4

생명의 불꽃

바다가 부른다

철석이는 소리에 창문을 여니
넘실대는 파도가 손짓한다
아침인사 서로 나누자고

일렁이는 물결 따라
여명은 밝아오고
길게 펴진 해 그림자는
축제마당 레드카펫
힘차게 밟고 달리란다

햇살처럼 번지는 희열
다람쥐 쳇바퀴 따분한 일상은
아침 갯바람에 날려버리고
폼나게 시작하라는 경고
바다가 깨우는 기상나팔에
오늘도 힘찬 출발이다

간절곶 소망길

저마다 바람은 왜 그리 많은지
설날부터 일출 보러 붐비더니
개천절 휴일도 빈틈이 없다

간절히 빌면 소망을 이룬다는데
누군들 솔깃하지 않으랴

코스모스가 절경이라기에
가을맞이 환영 차 다시 찾은 곳
떡바위 모자상 액땜등대 그대론데
너른 잔디 풍차가 새로 반긴다

푸른 파도 넘실대는 대구장 끝
탁 트인 시야 진한 감동으로
상념은 무아지경 몽환 중인데
발밑에 핀 해국과 해당화가

꿈을 이루려면 베풀어야 하느니라
떡할매와 해녀모자가 말했는데
그것도 못 들었느냐 머저리야
외치는 소리에 깜짝 놀라 꿈을 깼다

귀향 성묘

양지갖 한적한 산비탈
산짐승 풀벌레 합창이 있고
동학 농민혁명 애국 기치 높이 들어
처절하게 싸우다 장엄하게 순절한
한 많은 고조부님 산소가 있고
누대 조상 영구 유택이 있는 곳

너른 나루 고향마을 범 바위 돌아들면
천안전씨세장산 비석이 반색하고
십여 년 생 메타세쿼이아 가로수가
길 양편 도열하여 열병식 환영이다

폭우에 큰 골물 많이 불어
힘차게 흐르는 소리 한없이 정겹고
거대 당산목 팽나무와 마을 시정
고향 집과 감나무 뒷산 거목들
지나간 세월 넘어 눈물겨운 상봉이다

무성한 묘소 잡풀 풀베개에 잘리고
대소 제족 합심하여 뒷단장 하고 나니
말끔한 봉분 모습들 볼수록 친근하다
비지땀 무아지경 벌초삼매였는데
세찬 빗줄기 후련하게 뿌려주니
땀인지 빗물인지 시원하고 상쾌하다

조상의 깊은 음덕 되새기며
승차와 비옷 거부하고 폭우 맞으며
그 옛날 거름 짐과 나뭇단 지고
콧노래 흥얼거리며 걸었던 길을
형제들과 다시 걷는 기분이라니
모처럼 하늘을 나는 황홀함이었다

까치의 절규

이른 아침
경쾌하게 지저귀는 까치 소리에
오늘 손님 오시겠다 하시던
외할머니가 생각난다

뒷마당 높은 가죽나무 둥지에
대대로 이어 사는 외갓집 수호 새
가을이면 감나무 꼭대기
붉은 감 몇 개 꼭 남겨 놓으시며
이것은 까치밥이니라 하셨지

새 중에 으뜸이라 나라 새가 되었고
귀엽고 영특하여 길조요 영물이며
인간과 더불어 교감하는 새인데
전봇대에 둥지 틀고 과일 좀 먹었다고
포획전쟁 선포에 퇴치 대상이라니

국조라 부르지를 말든가
예쁘다고 탐하지를 않든가
그림책과 상표나 노랫말에
내 모습 마음대로 도용을 금하든가
까치의 처절한 절규 어찌하면 좋지요

대기실 풍경

한 무리 또 한 무리 소란스레
몰려왔다 멀어지는 승객들
와야 하고 가야 하는 사연 따라
부산역 대기실은 언제나 부산하다

저 멀리서 손 흔드는 화한 미소
반가워서 서로 달려가 포옹
누군가 기다리는 애절한 시선
그 속에 언뜻 아이들 모습이 겹쳐
상상은 날개를 펴고 비상이다

금방이라도 군중 속에서
할아버지 저에요 손녀
잘 계셨어요 저희예요
하며 달려 나올 것 같은 착각인데

뭐 하나 물어봅시다 선생님
하는 소리에 퍼뜩 정신 들어
예 뭐지요 하면서 환상을 벗어난다
대기실 해설근무 현장에서

문풍지

창틈으로 스며드는 찬바람
온몸으로 막아주는 파수꾼은
큰 기둥도 넓은 벽도 아닌
한 장의 문풍지입니다

바늘 구멍 황소바람은
혹한 중 삭풍의 위력이지만
이를 막아내는 것은 예로부터
한 조각 창호지였습니다

문틀 사이에 끼여 존재도 없다가
문이 열리고 바람이 일어야
펄럭 한번 움직임뿐 더는 말이 없지요

견디기 어려운 세찬 강풍에
부르릉 전율하며 날밤을 새우다
그 바람 잦아져야만 한숨 쉽니다

없는 듯이 있다가 필요하면 큰일 하는
세상의 문풍지는 과연 누구일까요
그분을 닮고 싶어 잠 못 이룹니다

〈연시조〉

나에게 총을 달라

– 연평도 피격에 분노하며

일 이일 울진 삼척 아웅산과 칼기 폭파
치를 떨고 분개한 일 어제같이 생생하고
천안함 피격 소식에 경악하던 국민들

피눈물도 마르기 전 연평도에 포사격
군 시설도 모자라서 형제자매 민간인에
무차별 집중포 사격 인면수심 하는 일

하느님이 계신다면 내려 보고 있을 터
인성 잃은 야수에는 몽둥이가 처방인데
천벌이 아직 이르면 무엇으로 풀지요

귀한 자녀 젊은이들 장래 할 일 많을 터
아직은 힘도 있고 총을 쏠 수 있으니
그 많은 원혼 한풀이 내가대신 하리다

무고하게 희생된 천금 같은 귀한 목숨
번번이 당한 분노 끓는 피 주체 못 해
나 지금 군 재입대해 원수 갚고 싶어라

밤차 한 잔

낯선 구수한 향에
코끝이 먼저 반응인데
오늘 밤차는 둥굴레차란다

한 모금 마시니 그윽한 향
목줄 따라 온몸에 번져가고
상념들은 차향과 함께
허공으로 비상 꿈속 유영이다

뜻 모를 미소로 찻잔 받쳐 든
집사람 얼굴 시야여 들어오기에
갑자기 웬 둥굴레차 물으니
글쎄 하고 의미심장한 미소인데
왜지

불야성不夜城

삶이 무미건조하거나
밤이 무료한 이여
진리 탐구의 전당 불야성에 가봤는가

모두 잠든 저녁 시간
초롱초롱한 눈빛이 샛별처럼 반짝이고
향학열에 불타는 처절한 현장
까만 밤을 하얀 낮으로 지세는 곳은
한국방송대학교 각 지역대학이다

방마다 환한 전등불이나
창 너머 짙은 어둠 속에서
규칙적으로 반짝이는 네온사인은
흡사 눈 부릅뜬 파수꾼 같아라

대학에 진학 못한 한이
가슴에 옹이 된 반평생
만학의 기회 얻어 열정을 불태웠던 곳
아련한 추억에 가슴이 아리다

깊어가는 가을 밤
커져가는 강의 소리
이곳이 진정 미래의 상아탑을 쌓는
성스런 불야성이리라

새벽 지하철

활기찬 시작이어야 할 첫 새벽
시린 코끝 훔치며 올라탄 지하철
좌우로 빈자리가 없다
두툼한 검은 옷차림 거북해 보이고
소지한 짐들도 어수선하며
한결같은 무표정에 침묵 연속이다

지나는 정거장마다
몇 사람 타고 내리는 작은 변화뿐
무거운 분위기는 바뀜이 없다
어쩐지 찌든 삶의 굴레에 매여
피치 못할 세파 따라 끌려가는
감정 없는 괴물들의 흐름 같다

저마다 절박한 사연 있어
타인 사정이야 안중도 없음이겠지만
희망찬 새 아침의 모습은 아니지 않은가
친구 자녀 혼사 축하 위해
들뜬 맘 잠 설치고 탄 새벽차
도심의 생소한 분위기에 말을 잃었다

생명의 불꽃 2

– 장모님 김복엽 여사님께

마른 나무에 꽃 피고 잎이 나서
삶이 역동하는 봄날인데
아흔 고개 문턱인 한 생명의 불꽃은
불귀의 천사가 되셨습니다

한 점의 살결 한 방울 피까지
짚불처럼 남김없이 불태우고
오열하는 가족을 버려둔 체
영면으로 사그라지셨습니다

한평생 가족위해 들인 정성
하늘이 감동하여 천수는 누렸으나
다시는 뵐 수 없는 안타까움에
애통한 이 마음 어찌 해야 합니까

알 수 없는 힘에 켜지고 꺼지는
생명이 불꽃 그 심오한 뜻대로
고고하게 살다 가신 분 영정 앞에
단장의 슬픔으로 명복을 빕니다

세종조 회례연

육백년전 역사인가 세종조의 영화인가
왕과신하 하나되어 어우러진 잔치마당
만조백관 모인자리 문악무악 춤을추니
창조적인 공연문화 이땅에서 시작이라

다듬어진 궁중음악 권주가로 화답하고
차례따라 술과가무 흥취함이 배가되니
악공들은 신이나고 무희들은 흥이난다
고조되는 흥취속에 상전하인 따로없다

사백여명 출연진에 화려무비 무대장식
오랜시간 들인정성 빛이나고 영예롭다
자주문화 계승하니 문화국가 기틀이라
한류열풍 숨은내력 미뤄짐작 하겠구나

근정전에 모인관중 역사인식 따로하며
위대하신 세종대왕 세운공적 되세기니
회례연의 깊은뜻에 감동감명 받는구나
멋진문화 계승하여 예술국가 이룩하세

소치의 승전고

오천만 기대 속에 소치에서 싸우는
자랑스러운 대한 건아 단군의 후예들
갈고닦은 실력을 유감없이 발휘해
국민의 소원 담아 태극기 올려다오

건강하고 당찬 모습 만방에 보여
소치의 기적은 대한민국 선수이고
치열한 경쟁에서 경기력도 좋지만
경기예절 최고란 말도 꼭 들려다오

밤잠 설쳐가며 티브이 앞에 둘러앉아
아~아~ 대한민국 아~아~ 우리 조국
메달획득 금의환향 목 터지게 외치는
응원소리 힘입어 승전고 울려다오

아이가 되는 날

나이가 아무리 들어도
설레는 마음 애틋한 추억으로
어린애가 되는 날이 있다

하얀 송편과 햇과일
반달모양 모시편이* 먹고 싶어
손꼽아 기다리던 한가위
설 명절과 집안 잔치 제삿날
조상과 가족들 보고 싶은 마음에
주책없이 눈시울이 젖는다

조상님 벌초와 성묘
올해는 명절 제사까지 겸하니
온 가족을 만나는 조상님들
얼마나 흐뭇해하실까
생시의 모습 떠올리며
한없이 어린양을 부리고 싶구나

---

* 모시편: 파란 모시잎을 쌀가루나 밀가루와 반죽하여 만든 송편 모양 떡으로, 모시송편이라고 하는데, 이치상 모시편이 맞을 것 같다.

에볼라에 물어봐

인간이란
직립에 양손과 머리를 쓰기에
만물의 영장이라고 으스대며
우주 만물을 마음대로 주무르고
같은 인간들까지 무시하기 일쑤다

제 잘난 멋에 산다며
매사 자신이 제일이라 우긴다
사실일까

천연두 콜레라 에이즈 사스 메르스
눈에 보이지도 않는 바이러스에 물어보니
가소롭다 헛웃음이다

미개나라 에볼라를 찾아가
인간을 어떻게 보느냐고 물으니
지식이 발달한 하등동물 아니냐며
서로 못 잡아먹어 안달하는 미개동물이란다
못 믿겠으면 덤벼보란다
부끄럽지 아니한가

에코센타 고추잠자리

뭍새 물새 철새 텃새
새라면 다 볼 수 있다기에
다시 찾은 낙동강 에코센터

푸른 하늘 시원한 바람 맑은 날씨
환상의 가을 풍경 삼박자 극치감에
벅찬 두 가슴은 일순 숨이 멎는다

찌르륵 푸득 이름 모를 작은 새가
나무 사이 오가며 반가운 인사인데
날다 멈춘 고추잠자리 한 마리
뜻 모를 부동자세 날지 않는다

아 이런
마지막 한 방울 과일즙에
목숨 건 무기력한 사투
어쩌면 준비 없는 노옹의
비참한 여생 같다는 연상에
쉬이 날려 보낼 수가 없구나

왕의 길

– 경주 신문왕 호국 행찻길을 보고

통일과 국토수호의 화신 문무왕
왜구의 침입이 오죽이나 심했고
애국애족 정신이 얼마나 깊어
자신을 동해에 수장하라 했을까

아들 신문왕 부왕 유지 받들어
눈물로 새기며 넘었던 고갯길
굽이마다 새겨진 한 많은 사연
수많은 세월 넘어 그날을 말해준다

유구한 역사 빛나는 문화유산
발굴해 다듬음은 후손의 임무고
지키고 전승함도 국민의 도리
보고 배운 높은 뜻 깊이 새기리라

변함없는 왜구의 끈질긴 야욕
날로 심해지는 동족의 갈등
극일과 해북의 난제를 풀려는 자
왕의 길 일 답을 정중히 권해본다

청마야 달려라

희뿌연 수평선 구름 사이
쇳물처럼 검붉은 청마가
질곡의 어둠과 여명을 뚫고
수줍게 얼굴을 내민다

질주와 도약의 화신이
해맞이객 애타는 열망과
산재한 난제가 부담인지
해무 속에 솟음이 더디다

때맞춰 터지는 들끓는 함성
허공을 휘덮은 희망 실은 풍선
지축을 흔드는 환호소리에
출발문 박차고 경주는 시작됐다

우주를 이끌고 한해를 달리자면
거칠고 험한 길 지치고 힘들겠지
그래도 청양을 만나는 그 날까지
힘차게 달려다오 청마야

전사戰死 미아迷兒

유엔기념공원 묘역에는
여러 무명용사의 묘가 있지요
국적이 있으면 나라별 묘역에서
동료하고 함께 있을 수 있지만
신분을 알 길 없으니
시신마저 국제미아이지요

생환했더라면 가족을 만나
행복한 여생을 맞았을 텐데
전사하고 나니 나라도 가족도
함께 잊어 갈 곳이 없네요

자신도 아닌 남을 위해
처절하게 싸우다 장렬하게 산화한 분
만리타국에서 죽은 것도 한스러운데
영혼마저 알아주는 이 없으니
이 통한을 어찌해야 하지요

가신지 한 주갑 지나 삼 년
해마다 돌아오는 기념일이지만
올해만이라도 전사 미아 여러분께
진정으로 감사하고 죄송하다는
한 송이 마음의 장미를 올립니다

주책없는 놈

어무이
제가 주책없는 놈 맞지요
환갑이 훨씬 넘은 놈이
섣달 그믐날 청승맞게
지날 날 기억 떠올리며
눈물 찔끔거리고 있으니 말입니다

가족 설빔 준비하시느라
희미한 호롱불 밑에서
며칠 밤을 새우셨으며
음식 장만 제수 걱정하시던
만능 여장부 대 가족 맏며느리
생전 모습 떠올라 가슴이 아립니다

마흔에 세상 뜨셨기에
생존하셨으면 졸수 연세
자식들에게 다 빨리고
주름진 가죽에 꼭지만 있을
그 가슴에라도 얼굴을 묻고

어린양을 부리고 싶어
눈시울 적시며 망상을 하고 있으니
분명 주책없는 놈이지요

연로하셔서 힘없으시고
자리보전 누워 계셔도
넓죽이 세배 드리는 자손들 알아보시고
손 내미시며 눈빛으로라도 알아보시는
부모님이 계신 분은 얼마나 행복할까

〈5,7조 정형시〉

형제의 합창

- 2015. 6 호국 보훈의 달에 부쳐

그들이 부른 슬픈 사랑 노래가
합창이 아닌 합장으로 만날 줄
그 누가 감히 상상이나 했을까

한국전 참전 지원병력 모집에
큰 사랑 위해 첫사랑을 버리고
어렵게 택한 목숨 건 인생 역정

동생의 뜻을 알아차린 형님이
추가 지원해 같은 부대 배치돼
반가운 상면 이루는 듯했지만

기구한 운명 거기까지 끝이고
형님은 전사 동생은 생환하여
한 주갑 지나 합장으로 만났죠

세계적 성지 유엔기념 공원에
죠셉과 아치 캐나다인 형제 묘
평화를 위한 숭고한 증표이죠

잔인한 전쟁 끝없는 두려움은
철책선 너머 오늘도 계속인데
그들의 통한 어찌해야 합니까

호토지전언虎兎之傳言
- 호랑이가 토끼에게 전하는 말

한 해 동안 맹렬히 달렸으나
얻고 버린 것은 얼마이고
깨닫고 뉘우침은 무엇이든가

한순간의 끝은 다음의 시작
한 인생의 끝은 새 인생의 시작
만물의 생장 소멸은 연장선상이라
아쉬운 작별 뒤 기대되는 만남
영원히 반복되는 마무리와 시작은
이 순간에도 되풀이되려 한다

백호의 위용은 당할 자 없어
거침없는 순항만 있어야 하기에
폭침 갈등은 주눅이 들고
폭탄 피격은 자지러져야 했는데
광저우 금빛 은빛 쏟아지던 날
맥없이 좌초하는 처절함이라니

다잡고 부활하는 것도 백호의 기백
웅크리고 용을 쓰는 맹수의 위용 앞에
대적할 자 뉘 있으랴
일순간의 굴욕은 도약의 도화선
기지의 대명사 토생원에게
백호가 전하는 말은
"내년에 꼭 내 체면 좀 살려다오!"

흑사에게

천하무적 흑룡이 흑사에 밀리다니
뱀에 밀림이 어디 용뿐이랴
천지 만물은 모두 밀렸다

희망의 여명을 깨고 솟아오르는
이글거리는 뱀의 해 찬란한 태양
수평선 길게 비친 붉은 햇살은
물결 따라 날름대는 뱀의 혀
흑사의 위용 앞에 오금이 저리다

영하의 추위 속 새해 소원 염원하는
수많은 해맞이객 간절한 사연들
처절한 합창으로 지축이 흔들린다

원죄의 악연 고리 끊을 수는 없지만
올해만은 사랑과 이해 관용 베풀어
후진 없는 너의 비늘로
힘차게 전진만 하여다오

5

불국사 일몰

다시 찾은 동장대

인연 다해 멀어진 곳
우연히 다시 찾으니
이끼와 잡초 영산홍이
돌계단 성벽 화단 속에서
수줍은 미소로 반색이다

이슬비 내려 인적 없고
꽃과 나무 푸른 숲 사이
찌르레기 한 마리만
모처럼 인적에 놀라
특유의 몸짓으로 호들갑이다

겨울 내 문이 잠겨
찾는 이 없었던 동래 동장대
망석대도 맞다며 버티고 서서
지난날 영욕을 말하고 있다

세월은 흘러도 역사는 남는 것
장군의 호령은 꿈속의 울림인가
그날의 함성 기리며 서성이다 가노라

길상사 진영각

가지지 말고 베풀어라
무소유의 진수를 몸소 실천하고
한 줌의 재로 열반하신 큰 스님
불교 신자가 아니라고
어찌 가벼이 대할 수 있으랴

길상사 진영각에 모셔진
근엄한 사진 한 장
한 자도 안 되는 돌탑에
안장된 초라한 유골함
영화도 영리도 초월하고
구도와 후학계도에 전념하며
불자의 참 모습을 보이신 분

아는 바 별로 없지만
법정이란 두 글자만은
지극히 위대하다는 생각이고
초라함이 돋보이고
가진 게 없으므로 더 부자인

그분의 영정 앞에서
부처는 네 이웃에서 찾으라고
호령하시는 모습 떠올리며
한없이 고개가 숙여짐이 어찌 나뿐이랴

다시 찾은 부두

남해와 창선 좁은 해협
거센 물결 속에 죽방렴은
오늘도 하나 가득 멸치를 품는다

보물섬 삼동면 지족부두는
반세기 전 공직 초임지
기억의 편린 따라 다시 찾았으나
변한 모습 가늠 안 돼 한 참을 더듬었다

대양호 망운산호 남해 부산간 여객선
이름 잊은 지족 창선간 도선
사라진 지 오래라 흔적은 없으나
짐 싣고 푸던 그 부두에
눈과 추억이 함께 서성인다

새로 만든 남해 창선 연도교 밑
검푸른 용솟음 파도 속에
아련히 비치는 가슴 아린 사연들이
하염없이 조류 따라 같이 흐른다

독도獨島 외롭지 않다

태초부터 한반도 동쪽 끝 그 자리에
단군 세운 고조선 대한민국 지금까지
한민족 주인 모시고 반만년을 살았다

내 주소는 울릉군 남면도동 1번지
지리적 역사적 국제법상 한국 땅
침략자 일본 땅이라 억지주장 안 될 말

망망대해 물위로 뾰족 내민 돌섬이나
물속에 내 키는 백두산도 넘나니
작다고 얕보다가는 국제망신 당하지

극우파 일본인들 내 모습이 보고 싶어
망발망동 기를 쓰나 가소롭고 불쌍하다
네놈들 온다는 소식 안 의사 혼 깨난다

오천만 한국민들 들끓는 분노함성
동해지나 나를 넘어 하늘까지 뻗쳤나니
독도는 외롭지 않다 대한민국 만세다

독도의 선택

나 독도
수억 년 전부터 있었던 섬
나에겐 주인 같은 건 필요 없다

파도와 바람 물새
어패류와 해조류
이 많은 벗이 있는데
왜 외롭겠는가
너희가 지어준 이름일 뿐이다

고기잡이 지친 어부
회류하다 들린 고래
내 품에서 잠시 쉬어가면 그만

인류와 평화를 사랑하고
나를 진실로 아끼며
천벌이 두렵지 않은 이
그분이 내 주인이니라

독도의 환희

하고많은 이름 중에
하필이면 외로운 섬일까
군群도나 회會도였더라면 좋았을 것을

그러나 이제 독도는
외롭지 않은 환희의 섬이다
오천만의 애정과 세계인의 관심을
한 몸에 받고 있으니

후안무치 도둑들이 주인행세 하려 한들
삼십육 년 쌓인 설움 독립투사 선조 원혼
한 신들 잊고 계실까 네놈들의 잔학성

하늘은 용서가 없고
다만 때를 기다리나니
이제라도 뉘우치고 용서를 구하라
생떼 쓴다고
독도의 환희는 영원히 사라지지 않나니

목멱대왕[1] 국사당지[2]

오월 초록이 싱그런 날
국사당지 옛터 비문 앞에서
민족의 영산 목멱대왕을 뵈었다

덧없이 흘러온 장구한 세월
언젠가 다녀간 기억 속에
철갑 두른 소나무 찾았으나
열쇠 잃은 무수한 자물통만이
지난 사연 침묵으로 시위 중이다

전망대 트인 전경 가슴은 먹먹하고
연무 속에 한강은 유유히 흐르는데
팔방에 펼쳐진 모습 끝 간 데를 몰라라

다시 찾은 남산에서
복원된 숭례문 바라보며
복된 미래 영원히 지켜달라고
목멱대왕께 간청을 드려본다

---

* 1) 목멱대왕: 조선조 태조가 남산 신령께 내린 봉작
2) 국사당지: 목멱대왕을 모신 사당명

미리벌 영남루

숨겨진 빛을 찾아 일자봉에 오르니
남천강 밀양강만 굽이쳐서 흐르고
추화산 진산 자락에 영남루가 반긴다

가을빛 짙어가는 산성산 산책로에
마주치는 탐방객 눈인사가 정겹고
급경사 나무 계단 길 가쁜 숨에 힘겹다

산 정상 망루에서 절경을 굽어보니
산과 계곡 들과 도심 한 폭의 동양화라
긴 호흡 탄성 소리에 만 시름이 녹는다

남천강 푸른 물에 아랑각이 비치니
미리벌 서린 역사 꿈결 속에 오가고
아리랑 구성진 곡에 하루해가 짧구나

사비성이 전하는 말

두 즈믄 해 가까이 사라진 나
찬란한 역사의 현장 사비성
옛 모습 그대로 부여 골에 환생하니
백제문화 그 영광의 재현이로다

위례에서 웅진 마지막 사비성
백제 영화가 꽃피다 마감한 곳
왕궁 능사 고분 향로가 한눈에
만백성이 다시 보니 나 또한 즐겁다

문화의 우수성 세계에 알리고자
민관이 함께 쏟은 정성이 가상하여
선왕과 선조들 함께 염원하노니
대한의 영화여 만세토록 영원하여라

궁터 답사 박물관 다녀 나오는데
사비성 옛 주인이 일행 귀에 대고
이처럼 간절히 전하는 말이 들려
뒤돌아보고 또 오겠다고 약속했다

* 백제문화단지 소재지: 충남 부여군 규암면 합정리. 백제문화단지는, 찬란했던 백제역사문화의 우수성을 세계에 알리고자 1994년부터 2010년까지 총 17년간의 충남 부여군 규암면 합정리 일원 3,276㎡에 6,904억원을 투자하여 백제 왕궁인 사비궁과 사찰인 능사, 주거문화를 보여주는 생활문화마을개국 초기 궁성인 위례성, 묘제를 보여주고 있다.

〈노래 가사〉

송도의 밤비

1절

물안개 자욱한 비에 젖은 송도해변
출렁이는 파도에 거북섬은 가물가물
송림에 묻은 사연 다시 보려 왔는데
출렁다리 간데없고 줄지어선 횟집만이
외로운 길손에게 쉬어가라 반겨주네

2절

어둠이 깊어가는 비에 젖은 백사장
쏟아지는 빗줄기에 암남공원 가렸고
혈청소 서린 사연 추억이 새로워라
케이블카 놓인 자리 즐비한 건물만이
한 세기 변한 역사 말해주고 있구나

독백=후렴

천마산 서린 정기 남항대교 이었고
장군산의 위용과 진정산의 포용이
송도해변 암남공원 품안에 안았구나
한 세기 서린 역사 추억 속에 묻어두고
미래향한 굳센 의지 오대양에 뻗어라

송도 찬가

탄생한 지 한 세기 지난
우리나라 최초의 해수욕장
거북섬에 울창한 소나무가 있어
송도라 불리는 곳

다이빙대 출렁다리 케이블카의 영화는
청혼광장 노송과 송림정 만이
알고 있는 화려한 역사이고
모래사장과 바위 석교 등대
물속 비죽거리는 동물 조형물이
놀라운 비경을 말해주는 곳

남항대교 수려한 자태
묘박지*에 쉬고 있는 선박들
영도 섬의 정겨운 자태가
잔잔한 파도와 어울려 합주하는 곳

볼레길과 암남공원 있고
음악과 바다 분수 시비와 폭포
자연과 인간의 정서가
찬란하게 조화를 이룬 곳
주민의 약속된 미래가 역동하는
이곳 송도에서 영원히 살았으면

---

* 묘박지錨泊地(조선해양): 선박이 닻을 내리고 정박하는 곳.

순매원에서
– 양산 원동

꽃샘추위 칼바람 눈발 속에도
첫 봄소식 꽃 매화가 피었다기에
문우들과 어울려 봄맞이 나섰다

강과 산 철길이 어우러진 산기슭
청홍백적 매화가 반개한 순매원
철 이른 상춘객 오색 물결 더해져
꽃 야성 황홀경에 탄성의 연속이다

뿌아앙 철커덕 질주하는 기적 소리
놀라서 벌어지는 매화꽃 고운 자태
두 모습 담으려 수많은 셔터 소리
절경 얻은 만족에 미소가 번진다

호문목하 자작 걸게 시 걸어놓고

파전에 탁주 잔 순배가 늘어가니

주체 못 할 시상에 즉흥시 다툼이고

매향 그윽함에 봄날이 짧기만 하다

---

* 호문목: 설 한파 속에서도 첫 봄소식 전하는 꽃이라서, 문인들이 가장 즐기는 소재라며 매화에 붙여진 별칭.

엄광산 둘레길

한 솔 살포시 부는 바람이
그토록 반가울 줄이야
엄광산 정상 무심정에서 오르니
동남방에서 불어오는 자연풍
어찌나 반갑고 시원한지
연이어 벌어지는 이구동성 탄성이나
더는 불어주지 않았다

부산포럼 산우회 황금 멤버 11명 모여
새로 난 엄광산 둘레길
폭염 속 그늘 찾아 택한 길
환상 속 꿈의 길이었지만
바람이 없으니 별무 소용이었다
시원한 바람아 불어다오
간절히 빌어보지만 흐르는 땀뿐이다

끊임없이 이어지는 재담과 야담에
신나는 폭소는 이어지고
빠르고 느린 부조화 속에
기다리며 쉬어가며 걷는 길
무릉도원 신선놀음 이에 비할까
헤어지며 한잔 시원한 보리주로
참여해준 멤버에 고마운 보답
하루 큰 보람 있었다
다음을 기약하며

불국사 일몰

어둠이 깃든 불국사 주차장
붉게 물든 서쪽 하늘 찬란한 빛
그 황홀함에 숨이 막힌다

신라의 대표 명찰 불국사
청운교 백운교 아사녀의 무영탑
설화 전설 가득한 불교의 영지
고대 예술의 보고로만 알았는데
석굴암 동해 일출만 들었는데
저토록 아름다운
일몰이 있을 줄이야

땅거미 진 지평선 따라
노을 속으로 홀연히 사라지는
신비한 자연의 놀라운 연출에
어찌 환호하는 이가 나뿐이랴만
일몰 비경에
마냥 넋을 잃고 섰노라

이천곡 에코뷰에서

심산유곡 배가 자라 이천곡
산 숲 물이 어우러진 별천지
땅거미는 밤비와 함께
적막 찾아 짙어가고 있다

고요 속에 수많은 외침은
닫힌 창 넘어 상상 속 소음
실버타운 그 찬란한 기대가
한낱 부푼 꿈일 줄이야

나이 들어 곱게 사는 벗들
체념과 분발 봉사하는 삶
의기투합 재충전의 기회
짧은 밤 긴 대화 끝이 없다

맑은 물이 시원한 바람이
푸른 수목이 연주하는
배내골 신나는 합주 소리에
에코뷰의 감동은 깊어만 간다

차 없는 광안리

일 년을 기다린
광안리 주말 차 없는 거리
불야성 들뜬 모습에
휘영청 달마저 가세다

광안대교 찬란한 불빛 쇼
수변엔 분수와 전광 쇼
수도 없는 공연장의 열기
거리는 열정으로 들떴다

인형극에 열중인 어린이들
모처럼 주인 따른 견공들
손에 손잡은 노소 피서객
모두가 무아지경 환호 소리다

차가 없으니 좋은 건가
더워서 신이 났나
따져보면 역설뿐인데
즐겁고 흥겨운 비치 거리
열기로 충만한 채 밤을 잊었다

청령포 나루

노산군의 한이
서리다 못해 응어리진 곳
목선에 노를 저어 건넌 자리
철선에 동력선이라 불경 아닌가

평창강 벽계수
맑고 푸름이 영롱한 비췻빛
귀향소식 기다리다 피멍 든
단종의 애타는 가슴 속은
저보다 더 시퍼랬으리라

정권욕에 애족을 져버리는
왕족들의 처절한 비극현장
지금도 계속되는 역사의 역설
청령포 나루는 알까 모를까
참배객 나르느라 바쁘기만 하구나

청양 맞이

올해도 같은 자리
광안리 너른 백사장에
새벽부터 해맞이 인파는 끝이 없다

영하의 강추위라
두르고 싸매서 분간은 안 되지만
분명 작년에 봤음 직한 모습이다

받은 복 다짐한 일 성패는
제각각 판단이라 알 수 없으나
나름 만족 아님 불만이겠지

새 출발은 항상 제일 빠른 것
유난히 이글거리는 해를 보며
같이 반짝이는 눈빛에서
용광로처럼 끓고 있는 열망을 본다

청양아 반갑다
품은 뜻 다 이루도록
힘차게 같이 달려보자

청양과 약속

해운에 가려 지각은 했지만
여명 뚫고 힘차게 솟는 청양
반가움에 가슴 벅차 숨이 멎는다

유난히 이글거리는 태양
유순한 양이 아닌 거대한 용광로
해맞이객 간절한 소망과 함께
광안리 백사장은 열망으로 끓고 있다

천지 만물을 일시에 제압한
청양의 상엄한 위용 앞에
어찌 속 좁은 내 소망만 말하리

올 한 해 계획한 일 다짐한 일
충실히 실천할 것을 맹세할 테니
청양아 같이 뛰겠다고 약속해다오

풍수원 성지

물이 많다기에 기대했는데
그 물이 신자들 피눈물일 줄이야

불가사의한 믿음의 현장
목숨 걸고 지키는 종교적 신념
그 용기는 어디서부터일까

처절한 부침이 반복된 성지
겨울비까지 내리는 고적함에
열띤 해설소리 꿈결 속 울림인가

국내외 신부님들 숭고한 뜻
수많은 순교자 개척자 정신
가슴 속에 겸허히 떠올리며
유서 깊은 평창 풍수원에서
서툰 아멘 소리 따라 해 본다

한반도 모습이라도

분단 설움 한 세기 다가온다
7천만 한 민족 피맺힌 염원
얼마나 기다리는 통일이던가
기약 없는 기다림에 지쳐
모습이라도 보고 싶어 찾은 곳

평창강 굽이돌다 물줄기 머문 자리
한반도 지형은 누구의 작품일까
남북은 물론이고 동서해 지형까지
볼수록 너무 닮아 탄성 소리 연속이다

산 위에 전망대 물 위에 뗏목선
마주 보고 외치는 통일기원 함성에
온몸이 전율하는 뜨거운 격정
통일된 후 백두산 정상에 서서
이 기분 그대로 다시 외치리라
아 아름다운 한반도여

충렬사에서

임진년 그 모진 날
신무기 조총을 들고 벌떼처럼 밀려와
야수처럼 설치는 왜병과 맞서
받칠 것은 목숨밖에 없기에
무딘 병기와 농기구로 싸우다
지붕의 기왓장까지 던지며
처절하게 싸우다 장렬히 전사한 넋이여

칠갑이 넘었기에 한을 풀만도 한데
시시각각 조여 오는 재침의 야욕 앞에
솟구치는 분노만 충천할 뿐
사분오열 갑론을박 국론으로
선열의 통한을 풀 길이 막연하니
이를 어찌하면 좋겠습니까

송공 정공 윤공
그리고 구십 위 제위 분들이시어
그 의열을 배우고 가르치기에
비록 미약한 외침이나
목이 쉬도록 전력을 다하고 이으니
가상하게 보아주시고
국운 융성의 원력을 베풀어주시옵소서

태산에 올라

중원 동쪽 해 오름 산
오악독존 천하제일 산
높다 한들 하늘아래 뫼이라서
오르고 또 오르면 다 오른다기에
마침내 태산에 올랐노라

황하의 누런 바람 짙은 안개로
성스런 고운자태 쉽게 볼 수 없다는데
부문관 해설사의 열정이 넘쳐나서
명산의 웅장함을 모두 볼 수 있으니
일행 중 어느 분의 조상님 덕이리라

기암괴석 비석에 각양각색 새겨진 글
역대 황제 명인들 국태민안 기원문
봉선제 개국 축제 공자묘 태산사
표지 석에 겹겹이 둘러있는 자물통은
기복 기원 절대 성지 온몸으로 말해준다

공자님이 노나라를 보셨다는 그자리서
천하를 굽어본 후 동쪽 끝을 향해서
천기야 태산정기야 저곳으로 가다오

| 해설 |

삶의 긍정과 따뜻한 소망

임 종 성
문학평론가, 문학박사

강은 먼 바다를 향해 유구히 흐른다. 이러한 강은 현재와 과거에 닿아 있으면서 먼 미래에 이어진다. 흐르지 않는 강은 없다. 언제 어디로 가든 강은 흐르면서 바다에 이른다. 강은 높이나 넓이보다 깊이를 지향한다. 이러한 강이 끝없이 흐를 수 있는 것은 낮은 데서 길을 찾기 때문이다. 시인의 삶도 이와 다르지 않다. 이러한 생각의 편린에 연관시켜 전대홍 시인의 시집『또 다른 삶을 찾아』의 내면 풍경을 들여다 보기로 한다.

나이가 아무리 들어도
설레는 마음 애틋한 추억으로
어린애가 되는 날이 있다

하얀 송편과 햇과일
반달 모양 모시편이 먹고 싶어
손꼽아 기다리던 한가위
설 명절과 집안 잔치 제삿날
조상과 가족들 보고 싶은 마음에
주책없이 눈시울이 젖는다

조상님 벌초와 성묘
올해는 명절 제사까지 겸하니
온 가족을 만나는 조상님들
얼마나 흐뭇해 하실까
생시의 모습 떠올리며
한없이 어리광을 부리고 싶구나.

–「아이가 되는 날」 전문

나이가 들어 껴입을수록 추운 것은 시간뿐이다. 화자는 〈주마등처럼 스쳐가는 옛 생각/ 아련히 가슴 저 밑이 저려온다〉([새벽안개])에 보이듯 지나온 날들을 되돌아보며 〈설레는 마음 애뜻한 추억으로 / 어린애가 되는 날이 있다〉고 들려 준다. 그래서 간혹 지나가는 사람의 눈 속에 꽃이 피어 있는 것을 볼 수 있다. 그 꽃의 그윽한 향기가 가는 길을 멈추게 하는 것이다.

누구나 어머니 속에 숨어 있는 소녀와 〈요즈음은/ 세수하고 거울을 보면/ 아버지 얼굴이 거기 있다([문득 어느날]) 처럼 아버지 속에 숨어 있는 소년을 볼 수 있다. 특히 한가위나 제삿날에는 으레 〈조상과 가족들 보고 싶은 마음에/ 주책없이 눈시울이 젖는다〉는 행간에 드러나듯 조상님들을 생각하고 생시의 모습을 떠올리게 되면 어리광을 부리고 싶은 것이다.

그렇지만 늘 일상인인 화자의 의식이 과거로 기울어 질 수만은 없다. 왜냐하면 삶은 현실을 바탕으로 밝은 내일을 지향하며 이뤄지기 때문이다.

기다리지 않아도
어김없이 찾아오는 손님이 있다
겨울 지나 찾아오는 새봄이다

애타게 기다리는 젊음이 있고
보내기 아쉬운 늙음도 있다
그래도 난 아직
활동하는 중년이란 생각에
오고 감에 집착이 없었다

차가운 봄밤은 깊었고
거리 소음도 잠들었는데
어깨 시리고 허전해서
잠 못 드는 이유 깨닫고 보니

언제부터인가 기다리기 시작한
나의 봄이 아직 오지 않았음이다.

―「나의 봄을 기다리며」 부분

화자는 봄을 기다리고 있다. 〈겨울 지나 찾아오는 새봄〉을 기다리는 마음은 절실하다. 그러나 그 봄이 얼른 오는 것은 아니다. 〈언제부터인가 기다리기 시작한 / 나의 봄이 오지 않았음〉을 깨닫게 되면 깊은 잠에 들지 못한다. 이러한 심리적 기저는 상실감에서 찾아진다.

사라짐이 끝이 아닌
또 다른 새로운 시작점
시야에서 벗어나 궁금해
기를 쓰고 다가가 보지만
같은 모습의 연속이고
다가선 만큼 떨어진
새로운 끝이 있을 뿐이다

살다 보면 뜻밖에
감당 못할 행 불행으로
평상심을 잃었을 때
끝이 아닌 시각의 전환점
소실점을 떠올려 보자

불행하게도 이 소실점은
먼 거리 곧은 길에만 있고
구부러진 길 경사길엔 없다.

—「소실점에 서서」 전문

화자는 사라지는 것을 상실이 아닌 새로운 만남으로 터득하고 있다. 〈시야에서 벗어나 궁금해/기를 쓰고 다가가 보지만/ 같은 모습의 연속이고/ 다가선 만큼 멀어진/ 새로운 끝이 있을 뿐이다〉는 언사는 다분히 반성적 자아의 의식을 드러낸 것이다. 끝은 새로운 만남의 시작이다.

희뿌연 수평선 구름 사이
쇳물처럼 검붉은 청마가
질곡의 어둠과 여명을 뚫고
수줍게 얼굴을 내민다

질주와 도약의 확신이
해맞이객 애타는 열망과
산재한 난제가 부담인지
해무 속에 숫음이 더디다

때 맞춰 터지는 들끓는 함성

허공을 휘덮은 희망 실은 풍선
지축을 흔드는 환호소리에
출발문 박차고 경주는 시작됐다

우주를 이끌고 한 해를 달리자면
거칠고 험한 길 지치고 힘들겠지
그래도 청양을 만나는 그날까지
힘차게 달려다오 청마야.

–「청마야 달려라」 전문

고대에는 미덕이나 신성한 은혜, 신의 은총이 행복을 얻을 수 있는 조건이었다면 18세기 이후 계몽주의 시대를 거쳐 현대는 개인의 노력으로 행복이 주어진다고 믿고 있다. 화자는 행복한 생애를 내정해 놓고 청마를 세워 환한 희망을 품고 싶어 한다.

청마는 〈질곡의 어둠과 여명을 뚫고〉 〈질주와 도약의 확신〉을 지니고 열망을 품으면서 내일을 향해 달리고 싶어 한다. 〈때맞춰 터지는 들끓는 함성〉과 〈지축을 흔드는 환호소리〉에 의기가 충천하다. 기온이 내려갈수록 삶에 대한 의지는 굳세다.

창 틈으로 스며드는 찬바람

온몸으로 막아주는 파수꾼은
큰 기둥도 넓은 벽도 아닌
한 장의 문풍지입니다

바늘 구멍 황소바람은
혹한 중 삭풍의 위력이지만
이를 막아내는 것은 예로부터
한 조각 창호지였습니다.

—「문풍지」 부분

시의 여러 행간에 드러나 있듯 겨울은 몸과 마음을 움추리게 한다. 그런 연유로 견뎌내기가 쉽지 않다. 유리가 귀했을 때 창호지문에 조그맣게 유리조각을 발라 붙이고 인기척이 나면 그 유리를 통해 바깥을 내다보았던 시절, 문풍지가 우는 날 〈겨울 문턱을 넘어 온 찬바람/ 추위를 알리는 전령사〉(「겨울 문턱에서」)에 맞서는 시절이 있었다.

매운 눈이 높이 먼 곳을 지향할수록 화자 앞의 현실은 혹한이어서 강풍을 견뎌내는 데는 바람막이가 필요하다. 〈창틈으로 스며드는 찬바람/ 온몸으로 막아주는 파수꾼은/ 큰 기둥도 넓은 벽도 아닌 /한 장의 문풍지입니다〉에서 처럼 한 장의 문풍지는 〈혹한 중 삭풍의 위력〉을 가로막아 주는 데 기능적으로 작용한다. 갈 길이 힘들수록 충분한 여유를 가져야 한다.

낯선 구수한 향에
코끝이 먼저 반응인데
오늘 밤차는 둥굴레차란다

한 모금 마시니 그윽한 향
목줄 따라 온몸에 번져가고
상념들은 차향과 함께
허공으로 비상 꿈 속 유영이다

뜻 모를 미소로 찻잔 받쳐 든
집사람 얼굴 시야에 들어오기에
갑자기 웬둥굴레차 물으니
글쎄 하고 의미심장한 미소인데
왜지

―「밤 차 한 잔」 전문

밤은 내면적 깊이가 잠적되어 있는 시간이다. 그래서 "밤은 네가 잠들기를 바란다/ 밤은 혼자 있고 싶은 것이다"(황인숙[밤])에서 처럼 화자는 한 잔의 차를 마시며 〈차향과 함께/ 허공으로 비상 꿈 속 유영〉을 시도한다. 날이 새면 현실은 삶의 일상을 연장시킨다.

활기찬 시작이어야 할 첫 새벽
시린 코끝 훔치며 올라탄 지하철
좌우로 빈 자리가 없다
두툼한 검은 옷차림 거북해 보이고
소지한 잠들도 어수선하며
한결같은 무표정에 침묵 연속이다

지나는 정거장마다
몇 사람 타고 내리는 작은 변화뿐
무거운 분위기는 바뀜이 없다
어쩐지 찌든 삶의 굴레에 매여
피치 못할 세파 따라 끌려가는
감정 없는 괴물들의 흐름 같다

저마다 절박한 사연 있어
타인 사정이야 안중도 없음이겠지만
희망찬 새 아침의 모습은 아니지 않은가
친구 자녀 축사 위해

–「새벽 지하철」 전문

화자는 지하철 안에 있다. 〈한결 같은 무표정에 침묵 연속〉인 차 안에서 〈피치 못할 세파 따라 끌려가는 /감정 없는 괴물들의 흐름〉을 보고 있는 것이다. "꽃나무는 제가 생각하는 꽃나무에게 갈 수 없소"(이상[꽃나무])처럼 한정된 삶의 단면이 드러난다.

고귀한 삶이란
남이 바라는 대로 사는 삶이다

행복한 삶이란
자기가 바라는 대로 사는 삶이다
참삶이란
위 두 삶이 적절한 조화를 이루는 삶이다

천한 삶
불행한 삶
거짓 삶은
위의 삶들이 실패한 삶이다

무릇 인생이란
위의 삶들이 비중을 달리하며
왕래를 계속하는 과정일 뿐
더도 덜도 아니더라.

—「참삶이란」 전문

참된 삶의 형식과 내용은 전형화 되어 있지 않다. 사람마다 가치관이나 세계관이 결부되어 〈자기가 바라는 대로 사는 삶〉이 이루어져야 하기 때문이다. 그러나 참된 삶의 의미나 가치를 시로 구조화하는 것은 쉽지 않다. 생명 중심적 평등biocentric equality 심미적 감수성, 감각적 반응, 은유적 진술은 시에 내포되어야 하는 아주 중요한 형성 요소이다.

전대홍시인은 “시란 자기 느낌을 솔직하게 문자로 표현한 것”이라고 자서에 말하고 있다. 시가 간과하기 쉬운 미적 진정성을 확보하겠다는 곧고 바른 자세이다.

이러한 궁극적 관심에 비추어보면 전대홍 시인의『또 다른 삶을 찾아』에는 삶의 현실에 내장되어 시의 내면 풍경이 섬세하게 조형되어 있다. 다양한 체험을 바탕으로 의미공간을 넓게 설정하면서 화자의 의식을 통해 삶의 긍정과 환한 소망이 투명하게 반영하여 진지하고 첨예한 미적 서정성을 깊이 확산하고 있는 것은 큰 미덕이 아닐 수 없다.

또 다른 삶을 찾아

인쇄일 2016년 2월 01일
발행일 2016년 2월 15일

지은이 전대홍
펴낸이 박철수
펴낸곳 도서출판 해암

등록번호 제325-2001-000007호
주소 부산시 중구 백산길 17 삼성빌딩 702호
전화 051)254-2260, 2261
팩스 051)246-1895
메일 haeambook@daum.net

ISBN 978-89-6649-088-2 03810

값 12,000원